Нет воплощениям конца
У Созидания святого,
Где Дух Вселенского Творца
Является бессмертьем Слова.

Александр Вольный
ВСЕЛЕННАЯ ДУШИ

Собрание сочинений в трех томах

ЛИК ВЕЧНОСТИ

Том 3

Художественное издание

Александр Вольный

ВСЕЛЕННАЯ ДУШИ

Том 3
Лик вечности

Редактор и корректор Оксана Козаченко

Дизайнер Игорь Женченко

© Александр Вольный 2025

© Svarog Books 2025

www.svarog.nl

ISBN: 978-1-80484-210-2

Эта книга защищена авторским правом. Никакая часть этой публикации не может быть воспроизведена, сохранена в поисковой системе или передана в любой форме или любыми средствами без предварительного письменного разрешения издателя, а также не может распространяться в любой форме переплета или обложки, кроме той, в которой она опубликована, без наложения аналогичного условия, включая данное условие, на последующего покупателя.

Портрет Александра Вольного

*Пусть Время, духом на челе,
Творит в житейской круговерти,
Где через Слово на Земле
В нас проявляется бессмертье.*

ТРАКТАТЫ

*Всесильем истинного Слова
Высоконравственных натур,
Язык — духовная основа
Цивилизованных культур.*

ТРАКТАТ О СЛОВЕ

> *В начале было Слово, и Слово было у Бога, и Слово было Бог. Оно было в начале у Бога. Все через Него начало быть и без него ничего не начало быть, что начало быть. В Нем была жизнь и жизнь была свет человеков… И Слово стало плотию и обитало с нами, полное благодати и истины. И мы видели славу Его, славу как единородного от Отца.*
>
> Евангелие от Иоанна 1:1

В системе бытия земного
Народ проникновенно жив
Благоговениями Слова
Божественных духовных нив.

Оно — душевный стимулятор
Божественного существа
И смысловой структуризатор
Потенциалов Естества.

В многообразии эмоций
Великой творческой души
Оно живительностью порций
Миротворением вершит.

Эфирно-звуковою вязью
Его вам Жизнь преподнесла
С раздвоенно-суммарной связью
Гармонии добра и зла.

Оно — первообразованье
Высоконравственной любви,
Звено взаимопониманья
Между различными людьми.

Оно многообразьем смысла
Сотворено из звуков-нот
Как логогенерационный код
Суперпотенциала Жизни.

Усладным обольщеньем нежит,
Кипучей страстью оросит,
Лихим проклятием зарежет
И благодатью воскресит.

Оно ум делает послушным
И может ярость распалить,
Его воздействие на душу
Ни с чем немыслимо сравнить.

Оно — духовный показатель
Вселенского развития,
Всесильный преобразователь
Энергосферы Бытия.

Могущество Господних истин,
Отождествляющее мысль,
Для тех, кто благородно искренен,
Являет мирозданный смысл.

Оно — Вселенское дыханье,
Способное судьбу проречь,
Основа миропониманья,
Являющая нашу речь.

Безмерно лечит и калечит
Логический потенциал,
Вам делая душевно легче,
Или зарубит наповал.

Из звуков гласных и согласных
Слагается вселенский ритм,
Что многоликостью контрастно
Творит духовный алгоритм.

Оно — магический астрал
Господней силы сокровенной,
Изысканный потенциал
Формирования Вселенной.

Оно — универсальный синтез
Поляризованных основ,
Логогенерационный импульс
Космологических миров.

Всегда не ведает изъяна
Высоконравственный контраст,
Величьем жизненного сана
Оно разрушит и создаст.

Оно — логический процессор,
Что космогенностью вершит
Уделом смыслового веса
Универсальности души.

Оно — духовный генератор
Потенциалов существа,
Логический структуризатор
Биосистемы естества.

Оно бывает лаконично
Универсальностью своей,
Отождествляя гармонично
Трансэнергетику вещей.

Оно — вселенский показатель,
Имеющий святой удел,
Могучий преобразователь
Физически-духовных дел.

Энергоформенным созданьем
Горит Божественным Огнем,
Чтоб два разряда Мирозданья
Сливались гармонично в нем.

Многообразьем воплощенья
Вершит величием идей
В среде контрастного общенья
Цивилизации людей.

Сакральностью компонованья
Отождествив вселенский быт,
Оно — стезей формированья
Духовной матрицы судьбы.

Оно — святой катализатор
Энергосферы Бытия,
Логический анализатор
Вселенского развития.

Оно — священное созданье,
Являющее вечный фон,
Свежо, как майское дыханье,
Меняя воплощенья тон.

Оно — духовности обитель,
Имея космогенный код,
Как смысловой определитель
Миротворящих дел и йот.

Оно бывает громогласно,
Чтобы пророчество изречь,
Возвышенно, хмельно, прекрасно
И сокрушительно, как меч.

Проникновенностью тирады
Психологической межи
Является основой Правды
И сутью лицемерной Лжи.

Оно — энергопоказатель,
Что Мирозданием вершит,
Астральный преобразователь
Информативности души.

Божественным потенциалом
Отождествив вселенский быт,
Высоконравственным началом
Всесильем жизненным вершит.

Твердит универсальным ритмом
Вселенского события —
Эпистолярным алгоритмом
Мировоззренья Бытия.

Духовно-импульсивной вязью
Меняя жизненный настрой,
Оно гласит многообразье
Разнотональной частотой.

Оно произрастает в мире
Величием вселенских норм
И формируется в эфире
Из производных мыслеформ.

Являя чувственные грезы
В наружный мирозданный фон,
Бывает ароматом розы
И жалящим, как скорпион.

Космологическим созданьем
Отождествив земную жизнь,
Витает в нашем Мирозданьи,
Как чувственные миражи.

Оно — программный модулятор
Энергетических частот,
Логический координатор
Вселенских животворных нот.

Вмиг распаляет или студит
Его проникновенный сказ,
Вас сделав, как нектар в сосуде,
Или потверже, чем алмаз.

Методикой преображенья
Меняет быта рубежи,
Как производность изложенья
Добра и зла, любви и лжи.

Живет, обыгранное всеми,
Великолепьем торжества —
Духовно взращенное семя
Божественного Естества.

ТРАКТАТ О МЫСЛИ

Тенденциями осознанья
Космологической межи
Потенциалом созиданья
Меняет мира рубежи.

Движение ее процесса
Структуризации идей
Являет базисность прогресса
Цивилизации людей.

Божественным преображеньем
Слагая многогранность смысла,
Универсальным выраженьем
Творит беспрекословность истин.

Она — фундаментальный остов
Высоконравственных миров,
Познания священный остров
Метафизичностью основ.

В мир озарение приносит
Разнообразием искусств,
Решая вечные вопросы
Целенаправленностью чувств.

Она — духовный показатель
Вселенского развития,
Всесильный преобразователь
Энергосферы Бытия.

Переформируя эфир
Благословением сознанья,
Она преображает мир
Многообразьем созиданья.

Метафизическим исходом
Вершит сознанием подчас,
Духовно-интегральным кодом
Видения являя в нас.

Она — ментальная программа,
Преображающая мир,
Космическая голограмма,
Что наполняет наш эфир.

Апофеозом созиданья,
Могучим светочем благим
Отождествляет Мирозданье
Многообразием своим.

Она — информационный импульс,
Являющий Вселенский ритм,
Преображениями силясь,
Слагает действий алгоритм.

ТРАКТАТ О ЛЮБВИ

Пыланье чувственных пожаров,
Творящих Рай и жуткий ад,
Вкус упоительных нектаров,
Что перебраживают в яд.

Высоконравственная верность,
Измены леденящий душ,
Рождающая злую ревность,
Мучитель человечьих душ.

Таинственная быль и небыль,
Что сладострастна и хмельна,
Звезда, манящая на небо,
И пропасть, что не знает дна.

Стезя Божественных решений
Величием духовных дел,
Благоговеньем обольщений,
Объятиями пылких тел.

Благословенные морали,
Являющие вещий слог
Проникновением печали
В душевный чувственный чертог.

Космическое вдохновенье
Миротворящих перемен,
Обожествленное мгновенье,
Которое воспел Роден.

Пересечениями судеб —
Магическая акварель,
Она деяния рассудит,
Как гениальность — Рафаэль.

Премудростью духовных санов
О ней написаны тома,
Рождает пылких донжуанов,
Страстями их сводя с ума.

Великолепный обольститель,
Погрязший в похотных грехах,
Высоконравственный учитель,
Воспетый в благостных стихах.

Гармония духовной связи
Соединенных чувством тел,
Сплетением интрижной вязи
Лирически интимных дел.

Благонамеренная гостья,
Что увлекает за собой,
Навек подруга, до погоста,
Вселенской праведной судьбой.

Миротворенье апогея
Всевластия Господних уз,
Священной силой Гименея —
Духовно-жизненный союз.

Чредою сладостных свиданий —
Признаний искренняя речь,
Неутомимость ожиданий
За кратковременностью встреч.

Божественное откровенье
Вселенской истины веков,
Для сумасбродных — развлеченье,
И пагубность для бедняков.

Всесильем жизненной основы
Она — магический венец
Всесозидающего Слова
Благоговеющих сердец.

Она в Божественном оплоте
Целенаправленно вершит
Смятеньем чувств, влеченьем плоти
И окрылением души.

Благословением удела,
Великой мировой судьбой,
Во имя праведного дела
Заставит жертвовать собой.

Она преображеньем дышит,
Неутомимостью своей
Духовно окрыляя нищих
И просветляя ум царей.

Проникновенная истома
Душевных сладострастных мук,
Которая всегда искома
В порывах встреч, чреде разлук.

Она магически искусит,
Чтобы уверенно вершить
Контрастами духовных вкусов
Благоговеющей души.

Величием священной меры —
Она божественна сама,
Являясь вне различья веры,
Градаций возраста, ума.

Наполнив красотою слога
Метафизический эфир,
Она — святая сила Бога,
Организующая мир.

Она — апофеоз природы
Вселенского развития,
Объединяющий народы
Энергосферы Бытия.

В благонамеренной основе
Является духовный лик.
Взрастает на Вселенском Слове
Ее божественный язык.

Универсальностью слиянья
Энергетических веществ
Она — могуществом созданья
Космологических существ.

Высоконравственная сила
Блаженства лучезарных муз,
Которая объединила
Душевно-жизненный союз.

Отождествляя скоротечность
И бесконечность для двоих,
Она ведет стезею в Вечность
Людей божественно святых.

Она — магический астрал
Могучей силы космогенной,
Духовный сверхпотенциал
Формирования Вселенной.

Ее священное участье
Во всех космических мирах
Неповторимым светом счастья
В синергетических полях.

Она Божественным нюансом
Преображение дает
Универсальным резонансом
Энергетических частот.

Животворящее слиянье
Поляризованных начал,
Проникновенное деянье,
Магический потенциал.

Ее духовные структуры
Великолепием искусств
Роднят контрастные натуры
Всесилием блаженных чувств.

Разнообразием симфоний
Являя космогенный ритм,
Она — обилие гармоний,
Творящих вечный алгоритм.

Нося духовные одежды,
Благонамеренна она,
Стезями Веры и Надежды
Испита чувствами сполна.

Благословеньем созиданья
Высоконравственных идей
Всесилье миропониманья
Вручает разуму людей.

Она — священно-всемогуща,
Проникновенна и мудра,
Господней Вечности присуща
Стезей душевного добра.

Преобладая вдохновенно
Гармонией вселенских строф,
Отождествляет сокровенно
Мечты божественных миров.

Она — формированье наций
Венцом святого торжества,
Движение цивилизаций
Божественного Естества.

Благословенная награда
Для жизнерадостных сердец,
Проникновенная отрада,
Бессмертья истинный творец.

Неповторимая культура,
Являющая Естество,
Волшебная стрела Амура
И Афродиты божество.

Мечта романтиков, поэтов —
Многообразьем светлых грез,
Всесилье праведных заветов,
Которыми вершил Христос.

Вселенский светоч первородный —
Миротвореньем на челе,
Благословенный дар Господний
Во имя Жизни на Земле.

ДУША РУСИ

Душа Руси непостижима
Парадоксальностью своей,
Благословенно одержима
Проникновенностью идей.

Она ранима и жестока,
Зла, беспощадна и добра
Неумолимостью порока
В грехопадении нутра.

Она является бесспорно
Величием блаженных мер,
Неукротима, непокорна
Всесилием лихих манер.

Уничтожается распятьем,
Являя благодатный мир,
Заиндевевшая проклятьем
И невесома, как эфир.

Она неистовостью властна
На нескончаемых пирах,
Готова днем лобзать пристрастно
Того, кого убьет впотьмах.

Ее питает вера в Бога
И оскверняет жуткий грех,
Она покладиста и строга,
Доброжелательна для всех.

Являя долю роковую
В многообразии своем,
Спешит скорей на боковую
И беспробудна на подъем.

Она духовность превозносит,
Вселенскою мечтой парит,
Бесчинствует, прощенья просит,
Все разрушает и творит.

Она строптива и послушна,
Прекрасна, но живет старьем,
Готова уморить бездушьем
И поделиться сухарем.

Глядя с покорностью на небо,
Падет юродивыми ниц,
Являя мысленную небыль
Из горниц и сырых темниц.

Ничтожится и воскресает,
Привыкшая к любой беде,
В огнях коварных не сгорает,
Не тонет гибельно в воде.

Благословением удела,
Высоконравственной судьбой,
Во имя праведного дела
Всецело жертвует собой.

Благонамеренною пробой
Неукротимости своей
Она в добре сгорает злобой
И в зле становится добрей.

Она зависима и вольна
Всесилием духовных гамм,
К друзьям извечно хлебосольна
И ненавистная врагам.

Ее многоформатен голос,
Она так презирает лесть,
Храня неистовую гордость,
Всегда обожествляет честь.

Преобладая сокровенно
Среди интрижного узла,
Любить умеет откровенно
И ненавидит силой зла.

Она отборным матом кроет,
Играет многозвучьем лир
И, разрушая, снова строит
Священно гармоничный мир.

Живя нелепою прорухой:
Все наизнанку, вкривь да вкось,
Зальет отчаянье сивухой,
Пуская дело на авось.

Неутомимостью стремлений
Творит тяжелые века,
Как величайший светлый гений
С прискорбной славой дурака.

Живущая в могучем теле,
Себя не ставит напоказ,
Озвучивая на свирели
Миров замысловатый сказ.

Творящая от века — к веку
Неподражаемый контраст,
Она зарежет за копейку
И за «спасибо» жизнь отдаст.

Величием Господней меры
Творя логический излом,
Является блаженством веры
В побоищах добра со злом.

Ее непревзойденны лики:
От изощренной — до простой.
Погрязшая в грехах великих,
Она останется святой!

Ее Вселенское участье,
И только Бог один поймет,
В чем Русь
        свое находит счастье
И как высок ее полет!

ИСТИНА

Рожденная в горячих спорах
Ортодоксальных мудрецов,
Для созидающих — опора,
Миротворенье — для истцов.

Проникновенная проблема,
Явившая вселенский факт,
Высоконравственная тема,
Что торжествует
         с правдой в такт.

Непогрешимость осознанья
Универсальностью существ
Логического состоянья
Порядка жизненных веществ.

Изысканная середина
Вселенского развития,
Неотразимая картина
Многообразья Бытия!

Истина — свод Божественных законов Вселенной, выражающий процесс духовно-материальных формирований и преобразований Жизни.

ТРАКТАТ О ПАМЯТИ

Хранилище вселенских мыслей,
Неисчерпаемый архив,
Структуризациею смысла —
Высоконравственный мотив.

Священный легкокрылый ветер
Контрастных лучезарных дней,
Благословенностью своей
В неоново-лазурном свете.

Багаж духовного наследства,
Пришедший осознаньем вновь,
Лик юности и сказка детства,
Прощанья, первая любовь.

Многоголосый имитатор
Разнообразием искусств,
Великолепный реставратор
Ушедших сладострастных чувств.

Затрата животворных сил,
Любой истории развязка,
Которую твой ум явил,
Судьбы логическая связка.

Нас научившая молчать
Переосмысленностью следствий,
Неповторимая печать
Во временах с местами действий.

Неугасаемые грезы,
Опустошенная среда,
Прискорбно меркнущие звезды,
Разрушенные города.

Творящая свой труд усердный
В надежде сущность изменить,
Вселенской благодатной мерой
Способная миры творить.

Восторжествует неизменно
Рассветом, где буяла тьма,
Преображая сокровенно
Многообразие ума.

Нечеткий сумрачный рельеф,
Напоминающий о прошлом,
Монументальный барельеф,
Засыпанный песком, порошей.

Являет чувственную грань
Душевного проникновенья
От жизненных тяжелых ран
В неумолимые мгновенья.

Шуршание листвы опавшей,
Страстей погасших угольки,
Морщины на лице уставшем,
Надежд разбитых черепки.

И отголосками судьбы
Ее хранят заветно люди,
Как упоительную быль
В ума космическом сосуде.

СВОБОДА

Пьянящий легкокрылый ветер,
Манящий сладостно людей
Живущей во вселенском свете
Проникновенностью идей.

Незабываемые дали
Высоконравственной земли,
Благословенные морали,
Святая нищенка в пыли.

Желанья вдохновленной плоти
В неугасаемых мирах,
Добытая на злобной ноте
В бунтах, восстаниях, боях.

Мечта рабов, Любви обитель,
Творец божественных искусств,
Неутомимый искуситель
Душевных многоликих чувств.

Всесильем жизненного слога —
Космическая круговерть,
Бесценный дар святого Бога
Длиною в жизнь,
            расплатой в смерть.

Благословенное горенье
Надежды, веры торжества,
Неукротимое стремленье
Божественного естества!

ПРАВДА

Храня священные надежды,
Она бредет в пыли дорог,
Над ней кощунствуют невежды,
Являя низменный подлог.

Подруга плахи, эшафота,
Стезями жизненных идей —
Благонамеренная нота
Высоконравственных людей.

Она невероятно строга,
Беспрекословна и чиста —
Всесильем истинного слога,
Богоявлением Христа.

Духовные святые виды
Среди неугомонных бед,
Дамоклов меч, весы Фемиды,
Цена бесчисленных побед.

Извечный страждущий изгнанник
На грехотворном рубеже,
Обиженный всемирный странник
С блаженной верою в душе.

Гнет для всевластного кумира
Тирадами разящих слов,
Нагая падчерица мира
Величьем нравственных основ.

Святых писаний изреченья —
Бессмертием блаженных чувств,
Проникновенное ученье,
Сошедшее с Господних уст.

НОЧЬ

Являя лучезарность звезд,
Она приходит незаметно
С благоговениями грез,
Чтоublажаются заветно.

Стезей космических вершин —
Любви пристрастия благие,
Проникновенностью души —
Божественная ностальгия.

Суть вдохновения творцов —
Всесильем жизненного знака,
Священной Вечности лицо
В преображеньях Зодиака.

Ликующие крики сов
Неистовостью наваждений,
Дремучая тоска лесов
Чредою тягостных забвений.

Властитель силы сокровенной,
Духовная иллюзия,
Священная вуаль Вселенной
Многообразьем Бытия.

АЛКОГОЛЬ

Воздействуя оперативно
На жизнедейственный баланс,
Он производит деструктивно
Неблаговидный диссонанс.

Своим химическим броженьем
Играет, мысли теребя,
И рефлекторным торможеньем
Вершит, сознание губя.

Методикой преображенья
Он циркулирует в крови,
Меняя явь воображенья
От ненависти — до любви.

Его срок действия недолог
Для чувственных глубоких ран,
Творит, как анестезиолог,
Убрав психический изъян.

Он воцаряется масштабно
Преобразующей стезей,
Вас сотворяя поэтапно
Могучим львом, ослом, свиньей.

Меняя мировые фоны
Божественного Естества,
Уничтожает эмбрионы
Неразвитого существа.

Творит нелепость нарушений
Своею сущностью хмельной
В координации движений
Природы жизненной людской.

Произрастает антистрессом,
И каждый однозначно рад
Алкоголическим процессом
Залить психический разлад.

Неумолимостью стремлений
Вершится сладостный порок,
Где глубиною поколений
Уходит пагубный исток.

Являя действенно в сознаньи
Свою безнравственную роль,
Ничтожит самообладанье,
Нарушив мысленный контроль.

Он наполняет вас пристрастно
Из сумасбродства своего,
И вы становитесь подвластны
Усладной патоке его.

Как соучастник преступлений,
Буяет он в телах у вас
Неблаговидностью стремлений
В неистовый душою час.

ТЕНЬ

Многообразие предметов
Являют Солнце и Луна.
Обратной стороною Света
Тень Мирозданьем рождена.

Она — немое дополненье
К структурам разноликих тел,
Тождественное окаймленье
Вселенских уникальных дел.

И в жизнедейственной проблеме
Нам этот контур очень точный
Напоминает о дилемме
Благого дня с усладной ночью.

ОГОНЬ

Всесильный преобразователь
Потенциалов Бытия,
Как разрушитель, созидатель,
Вселенская энергия.

В космических святых мгновеньях —
Земных несущихся веках —
Он — Жизнь в божественных стремленьях
И Смерть в кощунственных руках.

Огонь — всесильем прорицанья
Магического волшебства,
Стихийным ликом Мирозданья,
Творящим духом Естества.

Он — благоденственный родник
В алтарном золотом сосуде,
Прекрасный лучезарный лик,
Подаренный Природой людям.

ЖИЗНЬ

Могуществом духовной вязи
Вселенских истинных основ —
Гармония взаимосвязи
Всевышним созданных миров.

Многообразьем Мирозданья,
Универсальностью веществ —
Энергосфера созиданья
Биологических существ.

Жизнь — высокоорганизованная энергоинформационная духовная программа структурирования, развития и гармонического взаимодействия разнообразных разумных форм во Вселенной.

ЧЕЛОВЕК

Создатель, злобный разрушитель
Среди космической дали,
Преображающий обитель
Неиссякаемой Земли.

Высоконравственный мечтатель,
Герой мифических былин,
Лихой борец, завоеватель,
Раб и духовный исполин.

Его зовет лукавый дьявол
Творить коварные грехи,
Познания вселенский факел —
Игрушкой яростных стихий.

Ушел от светлого чертога
В грехов земное торжество...
Священное созданье Бога
Как дерзкий бунт против Него.

ВЕРА

Божественное состоянье
Высоконравственной души
Как истинное осознанье
Теологических вершин.

Благоговеющая сила
Вселенских жизненных основ,
Которая преобразила
Величие святых миров.

Надежда — последняя искра желания, чтобы сбылось то, чего ты хочешь, когда все потеряно, проиграно и обречено, но, возможно, есть один шанс из тысячи, именуемый чудом.

Вера — сила убеждений в получении желаемого результата, путь, ведущий к успеху в реализации планов.

СОВЕСТЬ

Святой порядочности мера
И благородная стезя,
Благословенная манера,
Которую изжить нельзя.

КЛАССИЧЕСКАЯ МУЗЫКА

Космическое вдохновенье
Вселенских истинных основ,
Священное проникновенье
Теологических миров.

Духовный образ красоты,
Рожденный глубиною мысли,
Лик выдающегося смысла
Высоконравственной мечты.

Свет жизнерадостных вершин
Благословенного эфира,
Как глас пророческой души
В божественных сонатах мира!

ТРАКТАТ ОБ ИСТИНЕ

Она — благословенный свет
Всесотворяющей природы,
Являющий чредою лет
Теологические своды.

Она — священная мораль
Высоконравственной Вселенной,
Универсальная скрижаль
Господней силы сокровенной.

Она — вселенский ореол
Животворящего созданья
И Галактический престол
Божественного созиданья.

Она — духовностью начал
Всесозидающего слога,
Великий сверхпотенциал
Законов всемогущих Бога.

Среди вселенского эфира
Ее священные уста
Пророческим глаголом мира
Гласят учение Христа.

АКРОСТИХ АЛФАВИТА

Астральным ликом Мирозданья
Благословенный свет сиял
Великолепием созданья
Глобальных творческих начал.
Дарящий лучезарность мысли
Единством праведных вершин,
Живущий уникальным смыслом
Земных магических глубин.
Иллий вечных вдохновенье,
Красот божественная даль,
Любви священное мгновенье,
Мечты вселенская вуаль.
Надежды вещее дыханье
Отрадною плеядой лет,
Проникновенностью сознанья —
Рассветной мудрости сонет.
Святого Духа воплощение,
Таинственных высот предел,
Ума пытливое стремление —
Фундаментом великих дел.
Христа нагорное ученье —
Целительных речей исток,
Чудотвореньем посвященья —
Шедевров истинных урок.
Щемящим излученьем света
Энергетических основ
Юлой вращается планета,
Являя множество миров.

ПРИТЧИ

Благословеньем на челе,
Деянья добрые творя,
Последний нищий на земле
Достойней падшего царя.

МИРОЗДАННАЯ БЫЛЬ

Так фатально
    случилось в священных местах,
Что веленьем Вселенского рока,
Явно после того, как распяли Христа,
Обойдясь с ним чрезмерно жестоко,
В судьбоносного века шальную пору
С бездуховным удушьем
Повстречались однажды Добру
Зло вдвоем с Равнодушьем.
Зло, являя к Добру неприязнь,
Ярым взглядом его обвело
И, коварно сплетая ехидный сарказм,
Первым едкое слово взяло:
«Что, Добро,
        ты взираешь отверженно так,
Будто бы обокрадено вором,
Или проклял тебя
      обреченно бедняк,
Умирающий под забором?
Все твердишь
      про величие красоты,
Гармоничности не нарушив,
Пробуждая наивно благие мечты
В демонически яростных душах?

А на исповедь если идти в синагогу,
Так ответь, разве это невинно,
Если все,
      что звучит обращением к Богу,
Оседает в уме у раввина?
Возьмем святейших!
                    Сущностью своей
Греховности тщеславной не нарушив,
Всегда в приходах ряженых церквей
Являют благонравственные души!
И войны ярость не остудят,
Ведь победителей не судят!
Когда возносишь дерзкий ум,
Сквозь патоку елейной фальши
Уверенно шагаешь дальше,
Чеканя шаг
           в ритмичном марше
Под ликование трибун.
Живя надеждою одной,
Меня обходишь стороной,
Ведь
      каждому — своя дорога,
Где так пересечений много
В контрастах мирового круга,
Но я сегодня о другом:
К примеру,
        впустишь в душу друга —
А он окажется врагом!
Кто сумасбродным кривотолком
Являет яростный оскал,
Тот изощряется жестоко,
Во мне найдя
            свой идеал,

А об коварные ошибки
Беспечно расшибают лбы
Те, кто не хитроумно шибки
На ухищрения судьбы.
Любовь —
        Вселенское творенье
Высоконравственной мечты,
Преображеньем красоты —
Божественное вдохновенье.
Теперь уж поняло,
              кто ты?
Недальновидность доброты
С остатками от подаяний
В дырявой торбе бедняка,
Ведь ты сейчас наверняка
Достойно падших состояний!
Уверенно скажу пока
Всесильем миропониманий:
Доколе будет жить Земля —
До тех пор буду править я!»

Немногословное Добро
Без явного энтузиазма
Печальным взглядом обвело
Повествователя сарказма
И, оглядев контрастный свет,
Уныло молвило в ответ:
«Где ты вершишь —
            там правды нет
И вечно торжествует горе.
Поведай лучше,
            сколько лет
Мы пребываем в жуткой ссоре?

Ты все неистово клянешь,
Приемля ненависть бесчестно,
Возвысив низменную ложь,
Являя беды повсеместно.
Изысканный подлог смертей
Ты сотворяешь силой мысли,
Повергнув яростью своей
Величие счастливой жизни.
Отождествляя одиозность
Преображающих времен,
Боготворишь победоносность
Неблагонравственных имен.
Внемля Божественному дару,
Я искалеченность лечу,
Ведь щит
      противится мечу —
Его разящему удару!
Ты, как кощунственный палач,
Уничтожающий Созданье,
Которому милее плач
И полоумное сознанье.
Благословением надежд
Я возрождаю
        жизнь из праха,
А ты коварностью невежд
Не видишь
     собственного краха.
Ты демонически яришь
Негодованьем сумасброда,
Но никогда не отдалишь
Фатальность
       вещего исхода.

Неугомонностью порока
Ты правишь сущностью жестоко,
Но величавостью идей
Я живо в чувствах у людей.
Настанет справедливый час,
Дающий мудрое послушье…»

Но здесь вмешалось
           Равнодушье:
«Я рассужу по праву вас.
Какой резон нелепо вздорить,
Доказывать, тщеславно спорить
О том,
     кто в сущности главней
Несокрушимостью своей?
Противоборства вечный бой
Явлен Божественной Судьбой.
Творите вы духовный смысл
Логическим потенциалом,
Ведь оба — нравственным началом
Дилеммы под названьем «Жизнь»!
Гармония миров —
               в контрастах,
Поэтому сейчас напрасно
Вы изощряли разум свой.
Погорячились, и остыньте!» —
Сказало и, махнув рукой,
Пошло неспешно по пустыне,
Сникая в дали голубой…
А Зло с Добром еще стояли,
Дивясь реальности чудной,

Вняв догматической морали
Универсальности земной.
Хитропремудрой укоризной
Друг друга жаждя сокрушить…

АНТАГОНИЗМЫ
      ГРЕШНОЙ ЖИЗНИ —
В ГАРМОНИИ
      СВЯТОЙ ДУШИ.

НАУКА ЖИЗНИ

С неугасимой жаждою борьбы
Вдаль по дорогам Жизни
        Юность лихо мчалась,
Когда на перепутье мировой судьбы
Ей ненароком
        Старость повстречалась.
Угрюмый, дряхлый сгорбленный старик
Бессилием увянувшей природы
Являл собой изнеможденный лик,
Отождествлявший тягостные годы…
«Куда спешишь, отчаянный гонец?» —
Спросил он с проявлением участья.
«Лечу скорей, почтеннейший отец,
Искать любви, признания и счастья!»
«А есть ли счастье на земле, сынок?» —
Спросил старик, прищурившись лукаво.
«Конечно есть, но путь к нему далек
И пролежит он только через славу!»
«А существует ли твоя любовь?» —
Спросил старик, погладивши морщины.
«Наверно, если закипает кровь,
Когда увидит женщину мужчина!»
«Лети вперед,
        да осторожней будь!
Коль не отыщешь счастья ты на свете,
Безмерно трудным будет твой обратный путь
И тягостной преградой станет
        встречный ветер!»

Лишь усмехнулся дерзостный гонец
И вдаль помчался, заклубившись пылью,
И долго молча вслед ему смотрел старец —
В неласковую быль, что поросла полынью.
Промолвив убедительный глагол,
Он, поправляя на плече заплату,
Потупившись, угрюмо вдаль пошел
Навстречу догоревшему закату...
... Прошло тем временем немало долгих лет,
И вот уже в пыли извилистой дороги
Со стороны восхода брел иссохший силуэт,
Насилу волочивший немощные ноги.
Напоминал он дряхлого старца,
Зияли горем глаз его провалы,
И сквозь морщины огрубевшего лица
Не выдавались Юности запалы.
Ступая медленно, теперь в другой конец,
Глядел без выражения участья,
Как новоявленный отчаянный гонец
Летел в огромный мир
                на поиск Счастья.

ТЕНИ ПРАВИТЕЛЕЙ

В могучем государстве, встарь,
Где дух тщеславья злобу множил,
Жил гнусно-бесноватый царь,
Который свой народ ничтожил.
Являя дерзостный глагол,
Не чтил высокие морали,
Излившись множествами зол,
За что его все презирали.
Он, обезумев, целый день
Взирал на массовые казни,
А с ним его бродила тень,
Как приведенье, неотвязно.
Внимала ревностно она
Неблаговидному участью,
Упившись яростно, сполна
Своей неимоверной властью.
Плеядами сумбурных дней
Она в правительской одежде
Взирала, как толпа теней
Ютилась в низменной надежде.
Возвысив дьявольский закон,
Жила при сумасбродном теле,
Являя пагубный резон
На демоническом уделе.
Буяла силою страстей,
Когда на безрассудной плахе
Трагедию лихих смертей
Разыгрывали в жутком страхе.

Любила в тягостных ночах
Курить изысканную трубку
И воплощаться в палачах,
Устраивая душегубку.
Напитывала ярость слов
В чередовании допросов,
Где низконравственность низов
Являлась подлостью доносов.
Так продолжалось много лет,
Где зло безумно ликовало,
Но царь покинул этот свет,
Сникая в дьявольских провалах.
Хоть он уже в земле сырой
И стало благодатно в царстве,
Но тень является порой
Напомнить о былом коварстве.
Рождая страх среди людей,
Она в сознаньях обитает
Неумолимостью идей,
Что Мирозданье потрясают.

...Всевластием кошмарных лет
Витает зла переплетенье.
Цари уходят на тот свет,
Но остаются править тени.

ВОСТОЧНАЯ ПРИТЧА

Я шел по страждущей земле
Судьбою роковой,
В преображающейся мгле
Вечернею порой
И думал: «Почему в мирах
Тщеславны богачи?
Аллах вручил им много благ,
Всевластья дав ключи.
Им изобильно все дано
От милостивых дней —
Блаженство Бытия одно
С усладою своей.
А я — измаянный бедняк,
Без крова и огня,
Усердно ждущий ясный знак
Божественного дня.
Всю жизнь по ветреной земле
Я дервишем бродил
С духовным светом на челе
Благословенных сил».
Большое дерево нашел,
Прилег я под него,
И вдруг чудесно снизошел
Глас Духа самого:
«Тебя я, странник, не сужу.
Явив святую мысль,
Простую притчу расскажу,
В которой — вещий смысл.

В исхода благостные дни,
Что Истину несут,
Три мужа Вечностью взошли
К Всевышнему на суд.
Один был воин роковой —
Могучий исполин,
Непримиримою судьбой —
Герой седых былин.
Он славу дерзкую снискал,
Являя норов свой
Тем, что края порабощал
Натурою лихой.
Весь был в воинственных страстях
Прославленный кумир,
На человеческих костях
Выстраивая мир.
Второй был сказочно богат,
Любил вино и дев,
Его изыскан был наряд
И сладостен напев.
Желал прекрасно отдохнуть
Натурою своей
И всех лукаво обмануть
Блудливостью идей.
А третий был простой бедняк,
Видавший много зол, —
Богатство не скопил никак
И славу не обрел.
Творил духовные дела
Блаженною судьбой,
Вторя заветные слова
Измаянной душой».

Аллах промолвил:
        «В светлый час
Бессмертно вознеслись!
Хочу услышать я от вас,
Как прожили вы жизнь.
Проникновенно разгляжу
Я все поступки сам
И справедливо награжу
По избранным делам».

И первый вымолвил: «Аллах!
Всесилием любви,
Прославленной во временах,
Я в почести Твои
За жизнь преобразился так
Величием идей,
Что всюду ставил ясный знак
Духовности своей.
Умом порабощая свет,
Дерзанием лихим
Ступал я тропами побед
За Именем Твоим.
Неверные поражены,
Повержена их честь,
Мечом возмездья сражены,
И сколько их — не счесть.
Я праведно на свете жил,
Облагородив край,
Неужто я не заслужил
За доблести Твой Рай?»

Второй промолвил:
            «Мой Аллах,
Я праведность являл,
Когда на сладостных пирах
Духовность прославлял.
Как жизнерадостный посев
В творение Твое,
Душевный озарял напев
Святое Бытие.
Я звал всех к пышному столу,
Где вина и еда,
Умом сопротивляясь злу,
Творил добро всегда.
Неужто я не заслужил
Священные сады
За то, что праведно явил
Духовные труды?»

А третий вымолвил: «Аллах!
Я нищий, что мне речь?
Я не буянил на пирах,
Не был героем сеч.
Блаженным дервишем ходил
С залатанной сумой,
Но лучезарной верой жил,
Беседуя с Тобой.
Вселенским Именем Твоим
Хранил благой обет,
Когда Писанием Святым
Великий чтил Завет.
Заблудшим людям помогал
В неблаговидный час,

Священной мудростью являл
Животворящий глас.
Что было на душе — сказал,
Теперь нас рассуди,
Коль Ты всему предначертал
Духовные пути».

Аллах промолвил: «Рассужу
Ваш жизненный удел,
Лишь Слово Истины скажу
Проникновеньем дел.
Тот, кто приходит
            в мир земной,
Беспомощен и наг,
Своей натурою шальной
Желает сотни благ.
С рождения и до седин
Вы в тягостном пути,
Ведь к свету жизненных вершин
С прозрением идти.
Не кровожадностью побед
Или мошной большой
Осуществляется завет
С Божественной душой.
Благословен, кто верой жил
И правдою святой,
Кто духом благороден был —
Пребудет век со Мной».

Я вмиг проснулся. Сон исчез,
Пророча путь туда,
Где в лучезарности небес
Взошла моя звезда.

И я воскликнул: «О Аллах!
Ты истинно вершишь!
Богатство ведь не в сундуках,
А в мудрости души!
И слава — не в крови побед,
А в том, чтоб не погас
Добра животворящий свет
В земной порочный час.
Коварность упадет во прах
От пагубных разрух.
Любовь уничтожает страх,
Напитывая дух.
Я в полной мере осознал
Божественную суть,
Лишь Истине Вселенской внял,
Явив священный путь!

ПРИТЧА ОБ АЛМАЗЕ

Могуществом вселенских лет
Меняя жизненные своды,
Явил вулкан на этот свет
Слезу божественной природы.
Соперником святой звезды
Алмаз назвали величаво,
Стяжателем кровавой мзды,
Снискавшим пагубную славу.
Он затерялся между скал,
Упившись красотою мира.
Прозрачным холодом дышал
Дух новомерного кумира.
…Его нашел седой бедняк
В ущелии, на самом днище,
Принес домой и кое-как
Смог обменять себе на пищу.
Услышал об алмазе бай
От хитроумного еврея
И ринулся в далекий край,
Чтобы найти его скорее.
За небольшую сумму он
Купил великолепный камень,
И словно сладоликий сон
Явился светлыми веками.
Да краткосрочен век у благ,
Которыми богач согрелся,
Ведь этот камень падишах
Себе присвоить загорелся.

Немилым сделался весь свет,
И горести повесив гирю,
За сотню золотых монет
Пришлось продать его визирю.
А падишах — могучий сан,
Внемля божественному тону,
Впаял бриллиант, как талисман,
В свою прекрасную корону.
Недолго длился сладкий сказ,
Которым тешился правитель,
Ведь тут услышал про алмаз
Страны соседней повелитель.
Он возжелал его сполна
Изъять, и яростною новью
Коварно грянула война,
Залившая всю землю кровью.
Пылала злобная заря
Безумием лихого сказа,
И вот в короне у царя
Сияет красота алмаза.
Да только созерцал сам Бог
Грехотворящее событье,
Промолвив справедливый слог
За жуткое кровопролитье.
Настала засуха в краю,
Ничтожа светлую природу,
И этот царь казну свою
Теперь менял на хлеб и воду.
Безмерно выбившись из сил,
Заботясь о посмертной славе,
Он флот с алмазом снарядил
За помощью к другой державе.

Но в этот судьбоносный миг
Ограбили корабль пираты,
А предводителями их
Два неразлучных были брата.
Порок в умы коварством вхож,
И по причине этой веской
Вонзил брат брату острый нож
С великой ненавистью дерзкой.
Он бережно поднял алмаз,
Чтоб разглядеть его природу,
Но вдруг толчок корабль сотряс —
И полетел убийца в воду.
...Сей камень красотой своей
Хранит бесчисленность подлогов
Средь человеческих костей,
Величественных осьминогов.
Закончив грехотворный век,
Лежит он тайно, величавый, —
Ждет, чтоб коварный человек
Продолжил путь его кровавый.

ПУТИ МИРА

Пришла блаженная пора
Преображать стихи,
Когда слетелись все ветра
Божественных стихий.
Я был им чрезвычайно рад,
Ведь ворвались гурьбой
В духовно расцветавший сад
Беседовать со мной.
Вмиг речь взял северный и злой,
Закончивший полет,
Дохнув губительной пургой
Арктических широт.
Он мне поведал, как вдали,
Среди прозрачных льдин,
Дрейфуют в море корабли
У жизненных глубин,
И как преобладает страх
Магических миров,
Когда купается в снегах
Он после всех трудов,
Как яростная круговерть
Великой может быть,
Когда неистовая смерть
Все властна погубить.
Я дал ему промолвить речь —
Воинственный совет,
А он вручил мне острый меч:
«Порабощай весь свет!»
Буяла ненависть одна.

Немыслимостью дел
Он злодеяния сполна
Осуществить хотел.
Разбесновался: «Порешу
Величественный мир,
Когда пургой запорошу
Космический эфир».
Но тут вмешался жаркий Юг
Премудростью былин,
Сказав ему: «Любезный друг,
Всевластный исполин!
Утихомирь коварный гнев
Своих тщеславных сил,
Закончи яростный напев,
Пока я не вспылил».
Юг был немыслимо могуч —
Духовный властелин,
Он разогнал армады туч
Дыханием долин.
Так проницательная мысль
Сознанья моего
Поведала сакральный смысл
Величия его.
Вмиг ветер северный затих,
Уйдя стезей потерь,
Оставив только нас троих
В моем саду теперь.
А Юг чернявый, словно смоль,
Жару явив вокруг,
Ушел, уничтожая боль,
Как настоящий друг.

А третьим гостем стал Восток —
Величественный хан,
Явив Божественный исток,
Прекрасный дастархан.
И в жизнерадостной ночи
Вселенскою душой
Вручил счастливые ключи
От Истины святой.
Четвертый, облачая свет
В Божественную суть,
Дал жизнедейственный ответ:
«Готовлю светлый Путь,
Где будешь счастлив ты всегда
Творящею мечтой,
Когда взойдет твоя звезда
Вселенскою Судьбой!»

ПРИТЧА О ПРАВДЕ И ЛЖИ

Когда закончился кутеж,
Угодный дьявольскому трону,
Взошла неистовая Ложь,
Примерив царскую корону.
С имперским скипетром в руке,
Она узрела, на усладу,
В шутовском красном колпаке
Сидящую угрюмо Правду.
Упившись властью роковой,
Ложь непомерно величаво,
Взмахнув холеною рукой,
Окликнула ее тщеславно:
«Эй ты, неугомонный шут,
Ответь насмешливо, скорее,
Кого сегодня отведут
Болтаться на высокой рее?
Скажи, коль доля весела,
Кому, отвергнув сущность мира,
Вкушать объедки со стола
Подачками хмельного пира?
Чего молчишь, иль ты привык,
Когда плюют в святую душу,
Иль обезмолвлен твой язык,
А может быть — не слышат уши?
Высокопарные слова
Не вознесут твое участье,
Отвергнет злобная молва
Навек юродивое счастье.

Неистовым кощунством чувств
Восстанет пагубная сцена
С игрой обманчивых искусств,
Где мир — смертельная арена.
Поруганная совесть, честь...»

Правда:
Поныне ты не безучастна
К тому, как управляет месть,
Главенствуя натурой властно.
Есть у вселенского огня
Две силы: сотворить, разрушить.
Хоть ночь не благодатней дня,
Но звездный свет лелеет души.
Не все блестящее — алмаз,
А сладострастное — нектары,
Ведь мудрости священный сказ
Мы ведаем из истин старых.
Непримирима только честь,
Когда желание двулично,
Являя дерзостную месть,
Главенствует эгоистично.
Безумно властвуешь сознаньем,
Пленив коварные сердца,
Разрушив сущность Мирозданья
Стезей фатального конца.
И коль не ты, в судьбе тогда
Все стало б слаженно и четко...

Ложь:
Для добрых я всегда — беда,
Для злых — прекрасная находка.
Бытуют прения в веках,

Как смысловое выраженье,
Где люди ходят в дураках,
Узрев кривое отраженье.
Тебе теории вещей
Усердно надобно учиться,
Ведь остроумие идей
Поможет почестей добиться.
Давай, губительно шути
Своей неистовостью рьяной,
Ведь мирозданные пути —
Грехотворящие изъяны.
Кричи, надеждою дыша,
Гори мечтательною силой!

Правда:

Благословенная душа
Не будет никогда бескрылой.
Пусть жизнерадостная новь
Преобладает вдохновенно,
Когда всесильная Любовь
Восторжествует сокровенно.
Всевластьем Истина придет,
Ничтожа пагубные троны,
Апокалипсисом грядет,
Срывая царские короны.
Вся мирозданная дилемма
Откроется в священный час,
Когда Вселенская проблема
Проявит справедливый глас.
И озарит сознаньем века,
Лихим словам в противовес
Стремленье веры человека
В благословение чудес.

Ложь:

Народ всегда в повиновеньи
Творит бесчестие, спеша.
В земном неистовом мгновеньи
Взрастает алчностью душа.
Я создана лихим наветом
Дурманить ясные умы,
В деяньи, яростью воспетом,
Преобразившим силы тьмы.
Грехотворящее участье
Стезей величественных лет
Всевластным подарило счастье,
Которого у Правды нет.

Правда:

Нас одарил всесильем мысли
Господь на созданной Земле,
Чтобы проникновенным смыслом
Творить сознаньем на челе
И благодатью созиданий
Являть божественный уклад,
Чтоб из приобретенных знаний
Отлить ключи для Райских врат.
Пусть узаконены права
Судьбы Вселенскими часами,
Когда священные слова
Взрастают добрыми делами.
Безверье чередою лет
Преобладает в мире этом,
Но возгорится лишь рассвет —
И ты померкнешь перед Светом.
Так в созидании земном
Всевышний духом сокровенно

Преобразит добро со злом —
То, что бессмертно и что тленно.
И отразится в сфере жизни
Стезей Божественных идей
Благословенье вечных истин
Высоконравственных людей.

ИСКУШЕНИЕ ВОСТОКА

Хозяйка шатра:
Заходи скорее, милый дервиш,
Для тебя давно здесь все готово,
Ты со мною эту ночь разделишь,
Я услышу праведное слово.
Буду я тебя любить так сладко,
Женщине необходим мужчина,
Хоть твое лицо, что было гладко,
Бороздят глубокие морщины.
Но ты станешь чувственно моложе,
Наполняясь силой сладострастья,
Прикоснувшись к бархатистой коже,
Ощущая благостное счастье.
Ты ходил стезею Мирозданья,
Познавая вечные лишенья,
Напоив Вселенское сознанье
Мыслями святого отрешенья.

Заходи скорее, раздевайся,
Ведь устал от праведной дороги,
И в моей постели постарайся
Ощутить блаженные чертоги.
Бери все, что только ты захочешь,
Ведь я гостю чрезвычайно рада,
И тебе, объятиями ночи,
Распахнется пряная услада.
Я налью изысканные вина
Благодатной животворной страсти,
Станешь ты, как сочная долина,
Упоенная вселенским счастьем.
Чувственно сверкнут глаза-агаты,

Лишь пиалу радости пригубишь,
Будешь ты немыслимо богатым,
Коль меня неистово полюбишь.
Ну о чем же мы так долго судим?
Поскорей иди ко мне без страха,
И с тобою ангельски пребудем
Мы в садах великого Аллаха.
Обними меня, ведь очень хочешь
Благодати страстного начала,
Ты ко мне пришел усладой ночи,
Чтоб тебя божественно ласкала.
А в моей душе творится хаос,
Искренним желанием пылаю.
Ощутишь ты жизненную радость,
Коль в твоих объятьях побываю.
Не сбежать тебе от дерзкой власти
Моего телесного порока,
Ты найдешь божественное счастье
Силой упоительного рока.
Сладострастия несется пряный ветер,
Обвевавший много постояльцев...
Ты отдашь все ценности на свете
За одно прикосновенье пальцев.
Все, что ты хранил в духовном чуде
Своего блаженного сознанья,
Зачеркнут мои нагие груди,
Перекроют жаркие лобзанья.
Все, что ты таил величьем ночи,
Сотворив немыслимые краски,
Поглотят божественные очи,
Изживут изысканные ласки.
О духовном чувственном оплоте
Магомет не досказал в Коране,

Ведь пока душа живет во плоти,
Страсть ее неимоверно манит.
Ты о святости своей хлопочешь
Силою Вселенского Сознанья,
Мой язык пройдется, где захочешь,
Пробуждая тайные желанья.
Силой жизнерадостной своей,
Вечностью грехотворящей власти
Ты испей из налитых грудей
Сочные неистовые страсти.
Коль влеченье возгорится в теле,
То усладной силой совершенства
Я сыграю на твоей «свирели»
Тайную симфонию блаженства.
Светлым жизнерадостным мгновеньем,
Зная всю проникновенность точек,
Мой язык одним прикосновеньем
Твой разбудит «аленький цветочек».
Наша жизнь — лихой самообман
И погоня за бессмертной славой,
Пусть разбушевавшийся «вулкан»
Изольется животворной «лавой».

Кружится святое Мирозданье,
Выражая жизни бесконечность,
Каждая секунда ожиданья
Превратится в страждущую Вечность.
Но когда слиянье тел начнется
Чувственным благим калейдоскопом —
Сразу время дико понесется
Неустанно бешенным галопом.
Ты сейчас в грехотворящей власти
Млечной жизнерадостною новью,
Где, вкушая всемогущей страсти,

Я сполна упьюсь твоей любовью.
Изгони нелепые сомненья
Отрешенной праведной рутины,
Ведь Аллах все воплотил творенья
В две благословенных половины.
Мистикой иллюзии блаженной,
Силою магического мира
Нам струятся из глубин Вселенной
Звездные святые эликсиры.
Наслаждайся точеной фигурой,
Я ведь — искушенья мастерица
И своей душевною натурой —
Ласково-божественная жрица.
Порождая всеохватность власти
Силой обольстительного света,
Вечные изысканные страсти
Рушат крепости твоих запретов.
Видя жизнерадостный исток,
Внемля искусительному ладу,
Пусть на «скрипке» жаждущий «смычек»
Заиграет тайную сонату.
Проникая в женственный чертог
Моего прекрасного созданья,
Твой могучий неустанный «рог»
Забодает плоть до бессознанья.
Сладости всевластная рука
Породила страстные пожары,
Я готова жадно из «цветка»
Выпить благодатные «нектары».
Замелькает упоенья луч,
Проникая в страждущее сердце.
Пусть твой полный изобилья «ключ»
Вскроет обольстительную «дверцу».

Алчная агония желанья,
Где бессильно безрассуден разум,
Как величье света созиданья
Пред порочным полуночным сказом.
Дерзость искушение учует,
Укрепляя чувственные звенья,
Где премудрость вмиг перекочует
В благодать святого единенья.
Так Аллах устроил Мирозданье
Всемогущим лучезарным сказом,
Чтоб любовь была сильней познанья,
А душа — порабощала разум.
Ждет тебя вселенская награда,
Обрети ее, не размышляя,
Ведь, спустившись в кулуары «ада»,
Ощутишь первоистоки Рая.
Тайною пытливостью своей
В эту упоительную пору
Пусть твой любострастный «змей»
Влезет в обольстительную «нору».
Силой жизнерадостною вдруг
Станем мы божественно счастливы,
Если твой неутомимый «плуг»
Вспашет незасеянную «ниву».
Ты познаешь чувственный исход
В этом сладострастии высоком,
Лишь твой пылко искушенный «плод»
Изольется животворным соком.

Магией душевного заклятья
В одержимости к тебе иду я,
Распахнув горячие объятья
Для проникновенных поцелуев.

Светлое вселенское сознанье!
Как хочу с тобою быть я вместе,
Но ты углубился в Мирозданье,
Созерцая ясные созвездья.
Проявляя чувственный подход
Силой изощряющейся мысли,
Я — твой самый долгожданный плод,
Сбросивший стесняющие «листья».
Я изнемогаю вожделенно
В ожидании кипучей страсти,
Но ты ощущаешь вдохновленно
Истинное жизненное счастье.
Или я тебя не привлекаю
Красотою женственной природы,
Хоть неимоверно проявляю
Магию безудержной свободы?
Ты — несостоятельный мужчина
И самовлюбленный, да и только,
Ведь всегда отыщется причина
Изрекать божественные толки.
Ты глядишь в сверкающие очи,
И тебе до страсти нет уж дела.
Я лежу одна в блаженстве ночи,
Обнимая страждущее тело.
Что ж, тебе была я очень рада,
Хоть потешь хозяйку добрым сказом,
Ублажив свою Шахерезаду
Всем, чем твой владеет разум.

Дервиш:
Я познал величие Созданья
Благородной праведной судьбою,
Постигая сущность созиданья

Светлою творящею душою,
И взирая на обличье мира,
Где являлось вечное движенье,
Я черпал из глубины эфира
Мудрые духовные сужденья.
Пусть мечта главенствует прекрасно
Величайшей силой сокровенной,
Выражая разумом всевластно
Образы Божественной Вселенной.
Дух благословенного Аллаха
Проявляется безмерным счастьем,
Где любовь творит миры из праха,
Преграждая путь лихим ненастьям.
Хрупкая телесная одежда
Временна на человечьем роде,
Остается светлая надежда
На духовность в жизненной природе.
Пусть в земной извечной круговерти
Завершится грешная проруха,
Что является стезею смерти,
Отвергающей бессмертье духа.
Подчиняясь действиям подложным
В злобном обуянии порочном,
Поутру окажется ничтожным
Все, что было пиком полуночным.
Ясной благодатью посвященья,
Вечной удивительною новью,
С лучезарной силой вдохновенья
Жизнь взрастает чистою любовью.
Наполняясь верою святою,
Сможешь обрести без страха
Праведной великою душою
Милость чудотворного Аллаха!

ОДЫ

*Идя познанием тернистым,
Проникни в истинную суть,
Что самым длинным и ветвистым
Является духовный путь.*

ОДА МИРУ

Все в этот мир приходят с плачем,
Открыв пытливые глаза
На жизнь, где мы ретиво скачем,
Пришпорив дерзостный азарт.

Ты всеобъемлющий, как зависть,
И неприкаянный, как стыд,
Твоя космическая завязь
Имеет благородный вид.

Ты — прародитель ярой мести
Неиссякаемостью сил,
Бесчестием под маской чести
И обреченностью могил.

Ты изгнанный, но тут же — званый,
Отец царей и бедняков,
Непререкаемый, желанный
Благословением веков.

Ты — несравненное уродство
Под идеалом красоты —
Великолепьем превосходства
Высоконравственной мечты.

Ты — отпрыск истинного Рая
Противоречиями чувств,
Живешь, законы попирая,
Многообразием искусств.

Системою чередований
На четный и нечетный ряд
Меняешь схемы пребываний,
Являя животворный лад.

Неповторимостью участья
Преображая тленный прах,
Ты — горе с подоплюкой счастья,
В космологических мирах.

Многообразием наречий
Творишь духовный оборот,
Как мир сплошных противоречий,
Всему являющий черед.

Исполненный Вселенским слогом,
Ты льешь воинственную кровь
И жизнедейственным подлогом
Вручаешь светлую любовь.

Ты — выражение Вселенной
Отождествленьем совершенств,
Что грезит силою священной
Среди космических блаженств.

Ты — величайшее из таинств,
Спасительная сень Христа,
Неотразимый из титанов,
Изысканность и простота.

Ты — жизнедейственный свидетель
Всевластием блестящих лож,
Как Зло — «святая добродетель,»
И «Правда» — низменная ложь.

Твой разум порождает глупость,
Богатство — бренность нищеты,
Ты щедр, но жизненная скупость
Определяет суть тщеты.

Ты — прах, который рушит Время,
Преображая твой устой,
Ты губишь, оставляя семя
Благословенною мечтой.

Узор твой уникально тонок,
Но разум — беспросветно слеп.
Порок — испорченный ребенок,
Вошедший в дьявольский вертеп.

Стезей коварного подлога
Имея зверский аппетит,
Ты под святой идеей Бога —
Всепобеждающий инстинкт.

Благословением Начала
Ты — поучительный итог,
Как Свет, который тьма попрала,
Явив фатальный эпилог.

Разнообразием градаций
Энергоинформационных норм,
Стезей духовных генераций
Ты создаешь величье форм.

Рожден Вселенную увидеть,
Все лучшее от Жизни брать,
Как ты умеешь ненавидеть
И низменной натурой врать.

Неповторимостью симфоний
Явив Вселенский алгоритм,
Ты — дисгармония гармоний,
Творящая нелепый ритм.

Образованием безбожным
Вручая беспросветный страх,
Какой великий ты в ничтожном,
А также — праведный в грехах.

Многообразием реликвий,
Ортодоксальностью манер
Ты — разноплановость религий,
Духовных обликов и вер.

Преображениями наций,
Великолепием культур
Ты — действенность цивилизаций
Проникновенностью натур.

В универсальной круговерти
Явив благой потенциал,
Ты — Жизнь, преддвериями смерти
Гомологических начал.

Высоконравственным устоем
Животрепещущих блаженств
Ты — мир Божественных настроев
В руках людских несовершенств.

Век, отворив святые очи,
Взирал, как восходил кумир,
Когда кричали злые ночи:
«Он завоюет грешный мир!»

Преображением морали
Твердил благословенный Спас,
И даже мертвые вставали
В определенный Богом час.

Но ни правленье Вавилона,
Ни изощренья дерзкой лжи,
Ни сени жертвенного лона
Мою формировали жизнь.

Душа упорно не хотела
Явить содействие уму —
За это угодило тело
В грехотворящую тюрьму,

Где нерадивостью порока
Являя жуткий норов свой,
Я проклинал тебя жестоко —
Благословенный род людской.

Но благодатью отраженья
Высоконравственных времен
Я созерцал преображенье
Миропомазанных имен.

Тирадами нелепых стансов
Я прославлял земную власть,
С неистовством лихих нюансов
Насытившись пороком всласть.

Но лучезарные стремленья,
Явив Вселенское Лицо,
Благословеньем посвященья
Прочли заветы мудрецов.

И я пошел священством веры
Преображать мирскую жизнь,
Оставив жуткие химеры
И призрачные миражи,

Чтобы душой, что страхом стынет,
Природой грешного истца
Не прозябать в лихой пустыне
Обличьем злого мертвеца.

Но даже там, где я скитался
Среди безверия людей,
Господний Образ воздвигался
Неповторимостью идей.

Стезей безумного коварства
Ты лицедействовать не смей,
Являя образ святотатства
Неукротимостью своей.

Своей неистовой эпохе
Вернув греховные долги,
Я помышлял не о подвохе,
Глаголя: «Боже, помоги!»

Глядя на жизненные лица,
Шагал вселенскою судьбой
Туда, где светлая десница
Указывала берег мой,

Где в кулуарах Мирозданья,
Сияя истинной мечтой,
Стоял величием созданья
Благословенный Храм Святой.

Дверь Мудрости была открыта,
И я уверенно вошел
В ту сень, которая обвита
Ажурным пламенным плющом.

Совсем не ощущая тела,
Я осмотрелся не спеша,
И вдохновенно полетела
Преображенная душа.

Великолепьем созиданья
Отождествив святой устой,
Мне в руки яблоко познанья
Упало с ветки золотой.

Молитву светлую глаголя,
Я посмотрел на неба синь,
Шепча: «На все есть Божья воля
Среди космических святынь!»

И, жизнерадостно ликуя,
Провозгласили облака:
«Ты выбрал Истину святую,
Оставшись с Богом на века!»

НАПУТСТВИЕ

Когда, бурунами носима,
В преображающейся мгле,
Твоя душа за серафимом
Взлетит к Божественной Заре,
Когда космическим сияньем
Взойдет священная звезда
И благоденственным дыханьем
Обвеет тайно города,
Когда духовные молитвы
Всесильем Жизненной Души
Блаженной верою повиты
Сойдут с Божественных вершин —
Тогда иди стезей созвездий
Всевышним созданных миров,
Являя лучезарной вестью
Гармонию вселенских строф.

ОДА МГНОВЕНИЮ

Повремени,
           не улетай,
Замедли скоротечность бега!
Прошу отчаянно: не тай
Бессильем мартовского снега.
Останься, лучезарный миг,
И безысходностью не мучай,
Являя уникальный случай —
Мир выразить в делах твоих.
Ведь ты —
           благословенный свет
Среди космического моря,
Что мчится, оставляя след
Душевной радости и горя.
Свободный легкокрылый ветер,
Преображая времена,
Меняешь на контрастном свете
Сценические имена…
Но только кисти и перу
Ты исторически подвластно
И в этом с Вечностью согласно…
Величье истины беру:
Остановись, мгновенье!
                Ты прекрасно!

ОДА МЕЧТЕ

Блаженство посреди ненастья,
Обетованная судьба,
Видением святого счастья
Отдохновенье для раба.

Ты рождена стезей сознанья
От вдохновенного огня,
Преображая Мирозданье,
Господней Истиной маня.

Ты — лик надежды одинокой
В душе измаянной моей,
Вселенский нимб звезды далекой
Свободомыслием идей.

Ты — утешенье невезучим
И исцеленье для ума.
Ты веришь перспективам лучшим,
Когда рисуешь их сама.

Ты — облегченье для терявших
Признаньем,
        что придет весна,
И для фатальность осознавших
Ты — свет в проникновеньях сна.

Причинами с плеядой следствий
Меняешь сцены ты контрастно
Во временах местами действий,
Где все желанию подвластно.

Ты — окрыленное стремленье
Божественного торжества,
Неукротимое горенье
Духовной силы Естества,

Венец Вселенского сознанья,
Взрастающий всесильем мысли,
Благоволенье Мирозданья
Творением счастливой жизни.

ДУХ ПРОСВЯЩЕНИЯ

Ты созиданьем неустанный —
Тот дух, которого зову,
Как гость, божественно желанный,
Придешь рассветно, наяву.

Ты лирику стихосложенья
Мне животворно подари
И вольнодумные стремленья
Благословеньем посвященья
От мирового вдохновенья
Неутомимо возгори.

Ты видишь в алчности бездонной
Неугомонные грехи,
Где я, судьбою отрешенной,
Пишу вселенские стихи.

С иллюзией миротворящей
Я озарением горю,
Что светится в душе парящей,
Взойдя к Святому Алтарю.

Меняя жизненные фоны,
Я проложу духовный путь,
Дающий вечные законы,
Творящие земную суть.

Ортодоксальные теченья,
Которые вершат в миру,
Я подчиню своим ученьем
Неутомимому перу,

И лишь написанная повесть
В явленьи прожитого дня
Меня согреет, словно совесть
Одушевленного Огня.

Испитый горечью страданья
От нескончаемых утрат,
Я верю в светоч созиданья,
Пройдя бесчисленность преград,

Где посвященье обретая,
Творя благословенный путь,
Сознаньем чувства пробуждая,
Явлю Божественную суть.

Веленья Истины всесильны,
Как прорицательная вязь,
И мы фактически бессильны
Нарушить жизненную связь.

Ты безупречен в изложеньях
Судьбы Божественного дня,
И в нравственных преображеньях
Всецело возроди меня.

Тебе слагаю эту оду,
Вселенской красотой пленен,
Чтоб, осознав вещей природу
Преображением времен,
Душою обретя свободу,
Явить духовному народу
Поэзии священный тон.

ОДУХОТВОРЕНИЕ

Пусть озарениями мысли
Рождается вселенский стих,
Исполненный дыханьем жизни
Речей космических моих.

Теперь он, в истинный черед,
Являет силу посвященья,
Отождествляя вдохновенье
Высоконравственных высот
Обожествленного мгновенья,
Чтобы блаженством чистоты
Явить созвучие обрядам
Неповторимой красоты
Вселенским жизненным нарядом
В лазурных нимбах высоты
Проникновенно вещим взглядом
И одухотворить мечты,
Дабы всесильем доброты
Повергнуть мир любовным ладом.

Да, переполнено мгновенье
Могуществом духовных сил,
Как жизненное устремленье,
Что пробуждает вдохновенье
Благословением ученья,
Которое душой просил.

Все Мирозданье неизбежно
Постигну темпами времен,
Чтобы казалась жизнь безбрежной
И упоительной, как сон.
Преображая измеренье
Магически волшебных фраз,
Я принимаю отрешенье
В судьбою выстраданный час.
И лишь духовным озареньем
Господних истинных основ,
Я светлым жертвоприношеньем,
Плеядами вселенских строф,
С благословенным посвященьем
Творю гармонию миров.

* * *

Неутомимым созиданьем
Творим систему Бытия,
Всепроникающим сознаньем
Обжив вселенские края.
Во славу мирного процесса
Высоконравственных идей,
Благословенного прогресса
Цивилизованных людей,
Стезей божественного Рая
Являются плеяды строф,
Где вся Вселенная святая —
Поэма множества миров.

РИТМ АСТРАЛА

Мир сотворенный божественным словом,
Где торжествует сакральная сила
Духа Святого, что вещей основой
Распределяет ночные светила.

Ликом бессмертья с заветной мечтою
Преобладают плеяды известий
Млечных иллюзий, живой красотою,
В многообразии ясных созвездий.

Великолепные светлые мысли
Благословенных астральных симфоний
Преображают величие жизни
Неповторимостью вечных гармоний.

И воспаряет рассветно сознанье
Проникновенностью всех откровений,
Осуществляя стези Мирозданья
Благоговеньем священных мгновений.

БОЖЕСТВЕННЫЙ МОТИВ

Божественный мотив течет рекой,
Блаженством наполняя наши души,
Даруя сердцу сладостный покой
И тишину не пробуя нарушить.

В нем кружится осенняя листва
И загораются магические зори,
Сплетаются заветные слова
В узор неповторимых аллегорий.

Как будто птица в утренней тиши,
Он воспевает вечные причины
Вселенской поэтической души,
Где слог поэм пророчески глубинный.

В нем отражен весь мир, что так велик,
И каждый миг становится яснее,
Когда струится жизненный родник,
Что делает нас чище и мудрее.

Рождается божественный мотив,
Как будто ветер, нежный и игривый,
Что льется красотой духовных нив
По струнам звезд, задумчиво-тоскливый.

Проникновенной гаммой он звучит,
Как возродившийся поток весенний,
Что нас пленить магически спешит
Священным сонмом светлых откровений.

В нем уникальность нашего пути,
Что овладела многоликим миром,
Дающая смысл жизни обрести,
Соединившись с мировым эфиром.

ЭЛЕГИЯ

Сквозь млечные дали небесные,
Где время ускорило бег,
Летит откровение чудесное,
Как чистый рождественский снег.

В гармонии звездных созвучий,
Где каждый аккорд невесом,
Рождается самое лучшее —
Счастливый космический сон.

Мелодия высших энергий
Пробилась сквозь толщу веков,
Являя плеяды мистерий
Далеких астральных миров.

Премудрую мысль излучая,
Струится божественный свет,
Что души людей наполняет
Вселенским дыханьем планет.

В священном безмолвии ночи,
Открывшем простор для ума,
Является ритм многострочий,
Который рождает зима.

МЕЛОДИЯ ДУХОВНЫХ МИРОВ

В бескрайних просторах Вселенной,
Где звезды играют в ночи,
Является силой священной
Октава пасхальной свечи.

Среди мирового хорала,
Как чистый духовный родник,
Она в пустоте зазвучала,
Рождая божественный лик.

Созвездия в танце кружатся,
Сплетая узоры лучей,
Где звуки бессмертья струятся
Потоком небесных ключей.

Гармония высшего света
Пронизывает Бытие,
Чтоб музыка дальних планет нам
Несла откровенье своё.

В симфонии звездного хора
Сливаются тысячи нот,
Где свет мирового узора
Являет духовный оплот.

МАГИЯ ЗВЕЗД

В потенциале мировом
Рождается духовный свет
Как воплощение в живом
Формировании планет.

Преобразилась тишина,
Наполненная красотой,
Где каждой звездочки струна
Звучит октавою святой.

В гармонии благих светил —
Поэма Вечности самой,
Ведь Бог пространство сотворил
Проникновенною мечтой.

Там, где галактики парят
В прекрасном танце без конца,
Премудрость истины хранят
Благословенные сердца.

Звучит симфония миров,
Преображенная в стихах,
Как песня солнечных ветров
В любви космических садах.

В плеядах мирозданных сфер
Витают миллиарды строф,
Где лик универсальных мер
Сплетает космоса покров.

Благоговением в веках
Звучит гармония времен,
И отражается в умах
Вселенский звездный камертон.

Летит многообразьем гамм
Животворящий чистый свет,
Являя уникально нам
Земли божественный сюжет.

Там, где сливаются миры
В один космический поток,
Звучат небесные дары,
Как жизнерадостный исток.

Струится музыка орбит
Симфонией прекрасных звезд,
Где Дух Божественный творит
Поэмы мирозданных грез.

АЛЛЕГОРИЯ ВЕЧНОСТИ

Плеяды уникальных строф
Творят гармонию Вселенной,
Благословением основ
Являясь сутью совершенной.

Поэмой жизни без конца,
Стезей духовного сюжета
Возникла истина Творца,
Что поколеньями воспета.

В астральном зареве времен
Судьбы насущные мгновенья
Являют череду имен
Могуществом преображенья.

Божественным сияньем звезд
Открылись светлые виденья,
И посвященья тайный мост
Ведёт в иные измеренья.

В бескрайних далях, где века
Сплетают тонкие узоры,
Течет небесная река
Сквозь лучезарные просторы.

Кружатся в вальсе без конца
Преображенные созданья,
Где превращаются сердца
В животворящее сиянье.

И этот танец неземной
В пространстве жизни бесконечном
Летит над сонною землей
Благословением предвечным.

В истоке Млечного Пути
Душа находит откровенья,
Чтобы прозренье обрести
Через небесные знаменья.

Любви божественный поток
Рождает пантеон вселенных,
И каждый временной виток
Приносит сонмы дум блаженных.

В пыланьи вещего огня
Явились жизненные дали,
Где свет грядущего храня,
Летят небесные спирали.

Иллюзий множество парит
В пространстве космоса безбрежном,
Где Дух Божественный творит
Порывом трепетным и нежным.

Пусть шар земной, как дивный сон,
Откроет тайны Мирозданья,
Глубинной мудростью времен
Настраивая созиданье.

Сверкают звезды в вышине,
Лучи сплетая золотые,
И в полуночной тишине
Растут вселенские стихии.

Души космический полет
Рождает импульс вдохновенья,
Где Мироздание живет
Поэмой мудрого творенья.

ГАРМОНИЯ

Звуки — реальные, чувства все — призрачны
В этой Божественной бесконечности.
Это всегда было жизненно-призначным
Определением нравственной Вечности.

...Вы появились в Духовной Гармонии
Благоговеньем святого сознания,
Животворением ясной симфонии
Преображая стези Мироздания!

...То запоют лучезарными ритмами,
То прозвучат громовыми раскатами —
Благословенными, необозримыми,
Ясно-рассветными, мрачно-закатными.

То защебечут свои откровения,
Преображая святое успение.
Из рокового лихого мгновения
Произрастает души Воскресение.

Отождествляя мечты запредельные —
Грани сакральные, благом могучие,
Духом священным божественно цельные —
Лики вселенские, страсти кипучие.

В таинствах вещих —
             блаженство влюбленности
Благоговейною явью смущения,
Чувства взаимности и окрыленности,
Вера Господняя и всепрощение.

Мудростью жизни — святые писания,
Сонмы миров — благодатью стремления,
Тяжесть грехов, облегченье раскаянья,
Ясная правда — стезей откровения.

В множестве вашем — символика Вечности,
Где возрастают вселенские чаянья
Жаждой чудес в жизнерадостной млечности,
Проникновенной стезею отчаянья.

Не изнуренные чувствами горечи
Лики святые, что музыкой полнятся,
Благословением сумрачной полночи
Наши желанья с рассветом исполнятся.

Суть ваша волей небесной озвучена,
Изображая добро первозданное,
Сила Любви нашим душам поручена,
Где лишь мечта — восхожденье желанное.

Тысячи лет благодатью сознания
Мы созидали среди бесконечного,
Преображая судьбу Мироздания
Поиском светлого, чистого, вечного.

В великолепьи благого слияния,
Неотразимо божественным пением,
Вы появились вселенским сиянием,
Неповторимым прекрасным мгновением.

В звуках — духовные сонмы величия
Благоговеньем святого прозрения,
Животворящего Бога обличие
И яснокрылая новь провидения.

В них — запредельного мира стремления,
Где отражается слава небесная,
Благонамеренный путь Воскресения,
Неповторимая сущность чудесная.

Вы, порожденные
          страстным мгновением
Благословенного ритма звенящего,
Миротворящим Божественным гением,
Сенью Грядущего для Настоящего.

В образах ваших —
          всесилье пророчества,
Светлой мечты лучезарная магия,
Лик созидания и одиночества,
Думы Орфея, неистовость Вагнера.

Духом святые, душою хранимые,
Отождествляя благие предания,
Вы пролетаете вновь серафимами,
Преображая мирские деяния.

В тысячах грез — голоса колыбельные,
Тембры страстей и печаль погребальная.
Слитные вечно и ясно-раздельные —
Вас порождает граница астральная.

То изливаются вмиг муэдзинами,
Суры читая усердно имамами,
Распространяясь путями незримыми —
Благословенными, чистыми самыми.

Вдруг превратятся в духовное пение
Проникновеньем святого причастия,
Многообразным величьем Творения,
Благоговеньем заветного счастья.

Страсти могучие, ритмы беспечные!
Отождествляя стези бесконечности,
Сладко звучите — миры подвенечные —
Неповторимостью благостной Вечности.

То зарыдают святыми терезами,
То рассмеются коварными троллями.
Ясные звезды прольются диезами,
Разума сферы ответят бемолями.

В этом — святая Вселенская грация,
Где процветает благая идиллия.
Мир воскресает словами Горация,
Тайны открыв подсознаньем Вергилия.

...То воспаряют напевами яркими,
То прострекочут духовными ритмами,
Любвеобильными чувствами жаркими,
Благословенными светлыми примами.

Вдруг затрепещут осенними листьями
И расцветут благодатно геранями,
Обогащая вселенскими мыслями,
Преображая моральными гранями.

Мудрость Вселенной иллюзию выдала
Многообразием ясной гармонии,
Животворящею негою вылила,
Благословенные чудо-симфонии.

Вы, пропитавшись
      астральной волшебностью,
Явите лики святого Писания,
Переполняясь духовной целебностью,
Дарите людям благие предания.

Богом хранимые, миром любимые,
Преобразите душевные чаянья
Чувственной мерою неотразимою,
Благоговеющей силой звучания.

…То засмеются фантомами лютыми,
То изольются усладными трелями,
Благословляя эфирными лютнями,
Провозглашая бессмертье свирелями.

В первотвореньи Духовного Мастера,
Неотразимыми переливами,
Вас вдохновило Вселенское счастье
Неоспоримо блаженными силами.

Вы, пробуждая святые желания,
Полните разум, свободою дышащий,
Проникновенною волей создания —
Явью всевидящей, сутью всеслышащей.

...Вечное счастье святого рождения
Преображеньем духовного зодчества
Животворяще дает вдохновение
Благословенно Вселенского творчества.

АКСИОМЫ БЫТИЯ

*Хоть Мироздание меняет
Сценически контрастный вид,
Кто прошлым так пренебрегает —
Напрасно о грядущем мнит.*

АНТОЛОГИЯ КОНТРАСТОВ

Никто Творенье не оспорит
Мировоззрением основ,
Хоть розу каждый скорбно вспомнит,
Увидев раны от шипов.

* * *

Являй величественным смыслом
Благословенные мечты,
Коль лучшее сегодня в жизни
То, что желаешь сделать ты.

* * *

Где мирозданная обитель
Буяет алчностью идей,
Там неустанный накопитель
Живет рабом своих вещей.

* * *

Хитро задуманным порядком
Являя мысленный кульбит,
Все, что желаешь тайно спрятать,
Ты положи на самый вид.

* * *

Идя познанием тернистым,
Проникни в истинную суть,
Что самым длинным и ветвистым
Является духовный путь.

* * *

Души магическая внешность
Творит плеяды дел мирских:
Один замаливает грешность,
Второй — порочит жизнь святых.

* * *

Все ухищряются спесиво
В определении лихом:
Тираны побеждают силой,
А дальновидные — умом.

***

Мы четко мнение изменим,
Когда духовное познаем,
Ведь, что имеем — то не ценим,
Осознаем — когда теряем.

***

Разнообразием скудея,
Вершится жизненный контраст,
Где мудрый гибнет за идею,
А подлый — за пятак предаст.

***

Случается, одно и то же,
Имея разноликий вид,
Одним немедленно поможет,
Вторым — коварно навредит.

***

Ты убеждаешься спокойно,
Как истинно великим быть,
Ведь лучше умереть достойно,
Чем в рабстве неустанно жить.

***

Не слишком часто битвой ратной
Вершится судьбоносный лад.
Где храбрый точит меч булатный —
Там хитрый применяет яд.

***

Жизнь обстоятельства являет
У Мирозданья на виду,
Где одного — среда меняет,
Второй — изменит всю среду.

***

Полифонией созиданья
Наш разум — жизненный титан
Разгадывает в Мирозданьи
Обилие Вселенских тайн.

***

В логическом потенциале,
Познанья истинным лицом,
Тот ошибается вначале,
Кто не размыслит над концом.

***

Преображением сознанья
Противоречия итожь,
Когда в основах Мирозданья
Критерий Истины найдешь.

***

С духовностью извечно ссорясь,
Внемля греховному подлогу,
Как рано все теряют совесть
И поздно так приходят к Богу.

***

Среди общения земного
Духовно бедным тот слывет,
Кто вместо благодати слова
Пускает силу в оборот.

***

Внемля величию благому,
Да будет человек прощен.
Не сотворивший зла другому
От наказанья защищен.

* * *

Неблагонравственный исток
Творит свое противодействие,
Ведь чем изысканней порок,
Тем пагубней его последствие.

* * *

Когда неистово буяешь,
Все демонически губя,
Не так других уничтожаешь,
Как убиваешь сам себя.

* * *

Ведь в Мироздании бывает
Неадекватный оборот:
Один у всех все отбирает,
Другой — все людям отдает.

* * *

Являй душою неподкупно
Высоконравственность любви,
Ведь все, что так легкодоступно, —
Пренебрегаемо людьми.

***

У честных — добрая среда
Величьем нравственной основы,
Среди ничтожества всегда
Стоят массивные засовы.

***

Жизнь преднамеренно жестоко —
Для постиженья твоего —
Сперва вручает зло порока,
А после — средство от него.

***

Благонамеренная сила
Должна тенденции менять,
И то, что до сих пор вредило,
Теперь нам будет помогать.

***

Природа все преображает
И напластовывает в дерн.
Цветенье быстро опадает,
И роза превратится в терн.

* * *

В дилемме жизненного круга,
Неблаговидностью своей,
Чем будем дальше друг от друга,
Тем станем чувственно родней.

* * *

Явив логический расклад,
Твердит премудрое понятие,
Что на любой словесный яд
Имеется противоядие.

* * *

Миротворение благое
Являет вещие пути,
Чтобы прозрение святое
Смогло искомое найти.

* * *

Вновь дисбаланс здесь обнаружен,
Ведь ты на сущность посмотри:
Чем краше человек снаружи,
Тем он уродливей внутри.

* * *

Все люди созидают, ибо
У Мирозданья на виду:
Один — шедевры за «спасибо»,
Другой — за деньги — ерунду.

* * *

Так в Мироздании ведется,
Творя духовные пути,
Одним пожертвовать придется,
Чтобы другое обрести.

* * *

Благословенным созиданьем
Преображенья своего
Один гордится состояньем,
Второй — отсутствием его.

* * *

Судьба намеренно жестоко
Творит неистовое зло:
Легко попасть в петлю порока,
Но вырваться — так тяжело.

* * *

Сознание обогащает
Психологический подход:
Одних новь тайною прельщает,
Других — совсем наоборот.

* * *

Есть люди, чей душевный лад,
Как дьявольский греховный край.
Для них и рай — кошмарный ад,
Но ад — отдохновенный рай.

* * *

Ничтожных зло обогатило
Неумолимостью идей,
Когда зерно в амбарах гнило,
А голод поедал людей.

* * *

Благословеньем на челе,
Деянья добрые творя,
Последний нищий на земле
Достойней падшего царя.

* * *

Логически произрастает
Определение одно:
Лишь то безмерно обольщает,
Что полностью запрещено.

* * *

Кругом — ведическое царство,
Где поучения гласят,
Что в малых дозах яд — лекарство,
В огромных же лекарство — яд.

* * *

Животворящий оборот
К благоговению приводит,
Ведь пища входит через рот,
А Слово из него выходит.

* * *

Всегда непревзойденным смыслом
Неблагонравственной поры
Есть главная задача в жизни —
Успешно выйти из игры.

* * *

Являя истин серебро,
Тебе в познаньи повезло:
То, что для злого есть добро,
Для доброго — лихое зло.

* * *

Один идеей созидает
В духовном мирозданном споре,
Второй — ничтожностью буяет,
Нажившись на безмерном горе.

* * *

Внемля Божественной морали,
Судьбу благодарить пришлось
За то, что все, чего желали,
К большому счастью, не сбылось.

* * *

Душа коварность упразднила
В благонамеренный момент,
Когда физическая сила
Перерастала в интеллект.

* * *

Каким бы делом ни вершил,
Но в Мироздании ведется:
Когда чрезмерно поспешил —
Все переделывать придется.

* * *

Высоконравственное кредо
Вершит Вселенскою судьбой,
Где благородная победа —
Прозрение своей душой.

* * *

Когда коварно проявляешь
Неистово душевный лад,
В аду блаженство обретаешь,
В Раю же — созерцаешь ад.

* * *

Душа бессмертье обретает
Благословением идей,
Когда миры преображает
Универсальностью своей.

* * *

Всесилием преображенья
Явив духовный оборот,
Психическое выраженье
В ментальном факторе грядет.

* * *

Мечта в реальность воплотилась,
Пройдя лихие рубежи.
Коль хочешь, чтоб желанье сбылось,
То втайне ты его держи.

* * *

Своей душою неподкупно
На Мирозданье посмотри:
Все, что снаружи неприступно, —
Уничтожимо изнутри.

* * *

Когда духовностью явился
И праведностью стал ведом,
Коль в чем одном ты поскупился —
Стократно заплатил в другом.

***

Растратил дорогое время,
От юношества до седин,
В желаньи страстном быть со всеми —
Знать, доживешь свой век один.

***

Коварной алчностью манеры,
Из вечных выводов мирских,
Все то, что накопил сверх меры, —
Ты уготовил для других.

***

Невежество глупцов позоря,
Благословением идей
Уничтожай систему горя,
Спасая праведных людей.

***

Обманом действия лихого
Погрязший в пагубных делах,
Как можешь укорять другого,
Когда ты сам увяз в грехах?

* * *

Многообразьем созиданья
Явив духовные пути,
Твори во благо Мирозданья,
Чтоб ко Всевышнему взойти.

* * *

Мы добродетельнее будем,
Ведь в человеческой судьбе,
Как сам ты отнесешься к людям,
Так и Святой Творец к тебе.

* * *

Вы изощряетесь, по праву,
В судьбою выстраданный час,
Сперва работая на славу,
Чтобы потом она — на вас.

* * *

Священной силой созиданья
Высоконравственных основ
Твори величье Мирозданья
Плеядами вселенских строф.

* * *

Христос мессийностью Спасенья
Жизнь Мирозданию отдал,
Где многие на Воскресеньи
Себе скопили капитал.

* * *

Закон Творения познаешь,
Когда сакральное поймешь:
В материальном потеряешь,
В духовном — тотчас обретешь.

* * *

Всегда, из выводов благих,
Миры контрастные любя,
Душой взирая на других,
Познать сумеешь ты себя.

* * *

Не всякий Истину оспорит,
Но в человеческой судьбе
Никто тебе жизнь не испортит,
Как ты, бесспорно, сам себе.

* * *

Мудрец достойно созидает
Величие духовной жизни,
Тиран безумием буяет,
Излившись пагубностью мысли.

* * *

Путем коварного подлога
От демонического зла
Под видом идеалов Бога
Творятся грешные дела.

* * *

Своим неблагонравным ликом
И злодеянием подложным
Ничтожное грядет в великом,
Чтоб то казалось всем ничтожным.

* * *

Внемля обличию благому,
В высоконравственной судьбе,
Чем больше ты помог другому,
Тем будет радостней тебе.

* * *

Неоспоримостью кумира,
Внемля различному примеру,
Один умрет во имя мира,
Второй — весь мир положит в жертву.

* * *

Многообразьем созиданья
Высоконравственных идей
Твори во благо Мирозданья,
Снискав признанье у людей.

* * *

Когда беда сполна повергнет
Несчастьями в лихой судьбе,
Тогда родной тебя отвергнет,
Чужой — благоволит к тебе.

* * *

Разнообразными делами
На судьбоносном рубеже
Ад с Раем сотворяем сами
В своей изменчивой душе.

* * *

Неоспоримо, популярней
Является вульгарный вид:
Чем будет человек бездарней,
Тем он сильней о славе мнит.

* * *

В неистово греховной злобе,
Преобладанием лихим,
Любовь к изысканной особе
Рождает ненависть к другим.

* * *

Являя договорный тон,
Есть два сотрудничества типа:
Одно, где Слово, как закон,
Другое — документы — липа.

* * *

Бывает, люди повсеместно,
Преображая свой удел,
Творят иллюзии словесно,
Но мало производят дел.

* * *

Среди грехотворящих «благ»
В преображениях порочных,
Чем значимее зла рычаг,
Тем легче действием ворочать.

* * *

Многоформатное участье
Творит логический исток:
С одним беседа — сладострастье,
С другим — губительный поток.

* * *

Благословеньем благородным
Тебя судьба от бед спасла,
Ведь лучше быть душой свободным,
Чем стать рабом земного зла.

* * *

Являя нравственный исток
Всесозидающего слога,
Когда гоним и одинок —
Тогда душа находит Бога.

* * *

Отождествляйся неподкупно
В миротворящей стороне
Тем, что телесно недоступно,
Но явно мысленно вполне.

* * *

Один — миры преображает,
Прославив доблестное имя,
Другой — сокровища стяжает
Завоеваньями лихими.

* * *

Внемля всесилию святому,
Стезею нравственного слога,
Чем больше ты помог другому,
Тем явнее прославил Бога.

О ЖИЗНИ И СМЕРТИ

В миротворящей круговерти
Преобразив Вселенский смысл,
Духовно размышляй о смерти,
Дабы твоя продлилась жизнь.

* * *

Духовное преображенье
Творит мирскую круговерть,
Где смерть — небесное рожденье,
Рождение земное — смерть.

* * *

Внемли благодати Вселенского слога
Прозрением ясным ума своего:
Исток Вечной Жизни — дыхание Бога,
Прелюдия смерти — уход от него.

* * *

Являя жизненные грезы,
Осознаешь безмерно рьяно:
Рождаться никогда не поздно,
Но умирать всегда так рано.

***

Один, пройдя лихие тризны,
Бессмертьем ревностно слывет,
А в ритме повседневной жизни
Погибель жуткую найдет.

***

Благоволениями смысла
Являя мирозданный быт,
Структуризациями Жизни
Вершится матрица Судьбы.

***

Преображением в мирах,
Вселенской Истиной дыша,
Не важно, где почиет прах,
Важней, куда уйдет душа.

***

Среди Вселенской круговерти,
Великим мирозданным смыслом,
Один живет во злобу смерти,
Второй — умрет во благо жизни.

О ДОБРЕ И ЗЛЕ

От грехотворного нутра,
Стезей порочного узла,
Когда Зло в облике Добра —
Добро живет под видом зла.

* * *

Вторя коварную тираду
Грехотворящего нутра,
Ложь одевается во Правду,
Чтоб Зло пришло в лице Добра.

* * *

Преобразуя допущенья,
Которые душа внесла,
Неутомимость наслажденья
Является стезею зла.

* * *

Являя грешное нутро
Стезей порочного узла,
Вы делаете мне добро
Тем, что не делаете зла.

О ПРАВДЕ И ЛЖИ

Преображением тирады
Неблагонравственной межи
Ложь надевает маску Правды,
Чтоб Правду обвинить во лжи.

* * *

Многообразьем комбинаций
Энергоформы Естества —
Универсальность трансформаций
Изменчивого существа.

Грехи, преобладая в силе,
Себя укореняют в том,
Что, коль в одном им преградили —
Они являются в другом.
Порочной жизненной утробе
Меняя мира рубежи,
Бог перекрыл дорогу к злобе,
Но та произросла во лжи.

О ЮНОСТИ И СТАРОСТИ

Тот в упоительную радость
Увидит Истины лицо,
Кто юность проживет, как старость,
Чтоб в старости побыть юнцом.

* * *

Величьем мыслей вольнодумных
Увидишь светлое лицо
Почтенных старцев с нравом юных
И юных с разумом старцев.

О ДРУЖБЕ

В дилемме жизненного круга,
Которой разум твой ведом,
Врага нет лучше — в прошлом — друга
И друга — бывшего врагом.

* * *

Среди грехотворящих «благ»
И жизнедейственных услуг
Есть самый злой, коварный враг —
Твой подлый и продажный друг!

* * *

Явив Божественному ладу
Проникновенное лицо,
Люби своих врагов за правду
И презирай друзей-лжецов.

* * *

Разнообразием участья
Бытует нравственность всегда:
Друзей рассоривает счастье,
Врагов — объединит беда.

***

Проникновенностью своей,
Среди безнравственных основ
Как тяжело найти друзей,
И так легко нажить врагов.

***

В контрастном животворном круге,
Определением в мирах,
Желая разузнать о друге —
Разведай о его врагах.

***

Глупец бессмысленно теряет
Опору друга в злобе дней,
Мудрец умело обращает
Врагов в приближенных друзей.

***

Где мудрость — разума подруга,
Любому совесть дорога,
Когда друг в образе врага
Сразит врага в личине друга.

* * *

Миротворением незлобным
Являя жизненную суть,
К друзьям стань любящим и добрым,
К врагам же — милосердным будь.

* * *

Не стоит беспричинно спорить
О том, как в Мирозданьи жить,
Ведь так легко друзей рассорить
И очень трудно помирить.

* * *

Хоть благородство нам не чуждо,
Но, доминируя в судьбе,
Корысть как подоплека дружбы
Всегда присутствует в тебе.
Ты уясни систему жизни
Проникновенностью идей:
Чем будет дружба бескорыстней,
Тем долговечней и прочней.

О МУДРОСТИ И ГЛУПОСТИ

Высоконравственным устоем
Явив духовности лицо,
Последним мудрым жить достойней,
Чем первым быть среди глупцов.

* * *

Святая Истина живуча
Неоспоримостью в веках:
Что для глупца в миру могуче,
Для мудреца — ничтожный прах.

* * *

Своим животворящим слогом
Высоконравственной любви
Твоя заслуга перед Богом
В том, что отвержен ты людьми.

* * *

Вселенная преображает
Миры в логическом звене:
Что мудреца так унижает,
Глупца возвысит то вполне.

* * *

Старайся уяснить скорее
Благословенностью идей:
Чем будет человек мудрее,
Тем он почтенней у людей.

* * *

Отражается миротворящий уклад
Благодати Вселенского Слога,
Где душа мудреца чередою утрат
Постигает величие Бога.

* * *

Целенаправленным стремленьем,
В свободомыслящих веках,
Мудрец живет благим смиреньем,
Глупец проводит жизнь в бунтах.

* * *

Преобладая в Мирозданьи
Разнообразною чертой,
Глупец нищает злодеяньем,
Мудрец — взрастает добротой.

***

Мудрец неутомимо ищет
Вселенский жизненный ответ,
Критерием духовной пищи
Преображая этот свет.

***

Мудрец бессмертье обретает,
Явив святое созиданье,
Тиран себя уничтожает,
Порабощая Мирозданье.

***

Идя познаньем бесконечным,
В контрастном Мирозданьи смутном,
Мудрец творит исконно вечным,
Глупец — живет сиюминутным.

***

Мудрец с улыбкой принимает
Финал житейской круговерти,
Глупец безумием буяет,
Почуяв приближенье смерти.

* * *

В космическую круговерть
Является Вселенским смыслом
Для глупого — лихая смерть,
Для мудрого — бессмертье жизни.

* * *

Народы пагубно являют
Коварно лицемерный лад:
Где глупого все прославляют —
Там вечно мудрого хулят.

* * *

Миротворящая молва
Благоговенье обретает,
Когда обидчику слова
Вселенской правдой возвращает.

* * *

Жизнедейственной Правды святая рука
Водит мир от второго лица,
Когда мудрец в личине дурака
Управляет дураком в обличьи мудреца.

* * *

Мудрец другого понимает
Вне партий, этносов, религий,
Глупец конфликты разжигает,
Плетя коварные интриги.

О СЧАСТЬЕ И ГОРЕ

Многообразное участье
Духовно-жизненной среды
Одним всегда вручает счастье,
Другим — немерено беды.

* * *

Разнообразием участья
В духовно-жизненной среде,
Чем радостнее было счастье,
Тем горестнее быть беде.

* * *

Есть разногласия большие,
Ведь счастлив, в сущности, всегда,
Один — коль счастливы другие,
Второй — когда у всех беда.

***

Непримиримое участье
Бытует в мирозданном споре,
Когда за миг святого счастья
Расплачиваемся веком горя.

***

Душевным многоликим делом,
В извечном мирозданном споре,
С тобою счастье все разделят,
И только единицы — горе.

***

Разнообразием участья,
У Мирозданья на виду,
С тобою все разделят счастье,
Но единицы лишь — беду.

БОГАТСТВО И БЕДНОСТЬ

Отвергнув стремления низшие
С тирадами лживых речей,
Знай, что копейка, поданная нищему,
Весомей всех твоих пиров для богачей.

* * *

Кто сущность созидания познал,
Тот в Мирозданьи жить не смог иначе:
Чем больше отобрал — тем ты беднее сердцем стал,
Чем больше ты отдал — тем стал душой богаче.

* * *

Судьбой преображенны нравы
В морально-жизненный разлад,
Чтобы богач всегда был правым,
А бедный — вечно виноват.

* * *

Непререкаемостью смысла
Творится жизненный контраст,
Где мудрый счастлив светом мысли,
Глупец — грустит среди богатств.

* * *

Богатый ревностно не знает,
Чего еще приобрести
Там, где несчастный размышляет,
Как плоть от голода спасти.

* * *

Скупец манерой узнаваем,
Ему и мелочь дорога,
Ведь чем богаче сам хозяин,
Тем низменней его слуга.

* * *

Все одинаково скупые
В своих безнравственных делах:
На крик о помощи — глухие,
Услышав шепот о деньгах.

СМЫСЛОВЫЕ ИЗОЩРЕНИЯ

Как обстоятельная фаза,
Премудрой переменой мест
Одна логическая фраза
Имеет двойственный контекст.
Грехотворящее нутро —
Определением шальное,
Когда притворное добро
Преображает зло лихое.

* * *

Всегда подложная заявка
Имеет деловой резон,
Чтобы внесенная поправка
Уничтожала весь закон.

ИЗОЩРЕННОСТЬ ВЫГОДЫ

Хитрец о благости хлопочет,
Корыстью промышляя, ведь
Он слишком вожделенно хочет
Двойную выгоду иметь.
Лжецы неугомонно жили
Бесчеловечностью лихой
И гения всегда хулили
Своей натурою шальной.
И вот, когда тот в муках умер,
Они бессовестно живут
Тем, что, как сладкозвучный зуммер,
Усердно славят его труд.

* * *

К вам обходительно взывают
Высоконравственностью уз
И добродушно приглашают
В экономический союз.
Большие блага обещают,
Но, изменившись до основ,
Вас непременно обращают
В экономических рабов.

* * *

Являя хитрую опеку
Высоконравственных имен,
Один поможет на копейку,
А заберет — на миллион.

* * *

Здесь проходимцы, шарлатаны
Посредством низменных идей
Преображением обмана
Ничтожат множество людей.
Своей неистовою смутой,
Закончив куражи утех,
Идут к священникам надутым
Замаливать привычный грех.
Вручая им купюры денег,
Которыми всяк обольщен,
Они творят «благое дело»
Затем, чтоб был их грех прощен.

* * *

Преображаясь откровенно,
Является лукавый вид,
Когда священник вдохновенно
Народу истину твердит.
Он убедительно глаголит,
Как человечество спасли,
А сам неутомимо смотрит,
Что прихожане принесли.

ЖАЖДА ПЕРВЕНСТВА

Нахальный рвется поскорее
Величье мира обживать.
Чем будет человек наглее,
Тем явней хочет управлять.

* * *

Непререкаемым устоем
Является тщеславный вид:
Чем кто-то менее достоин,
Тем больше о себе кричит.

* * *

Где мирозданная обитель —
Изъяны грешные видны.
Любой напыщенный правитель —
Обличие своей страны.

БРАЗДЫ ПРАВЛЕНИЯ

Вручив престольную корону,
Стезей кощунственного зла
Лжецы царя подводят к трону,
Как отпущения козла.

* * *

Стезей коварного подхода
Все негодяи поступают,
Когда наивностью народа
Себе всевластье добывают.

* * *

Явив греховную природу,
Вершится тайный оборот,
Где, вроде служит царь народу,
Но, в сущности, — наоборот.

* * *

Всевластьем яростного сана,
В пределах собственной страны,
Правленье грозного тирана
Страшнее пагубной войны.

* * *

От безысходности страдает
Разгорячившийся народ,
Когда наивно избирает
Не слуг, а подлинных господ.

* * *

Лихим деянием подложным,
Пресытившись пороком всласть,
Чем будет человек ничтожней,
Тем явней рвется он во власть.

* * *

Хоть мир сейчас на злобной плахе,
Величественным будет тот,
Не от кого сбегают в страхе,
А кто возносит свой народ.

* * *

Ведь в Мироздании бывает,
Все искривится до основ,
Когда избранник обращает
Народ свой в низменных рабов.

* * *

Являя светлую природу,
Духовно будет именит
Тот, кто, не сделав зла народу,
Других от злобы оградит.

* * *

Неимоверностью потуг
И титаническим трудом
Народ находит «верных слуг»,
Чтоб вечным быть у них рабом.

* * *

Правитель низменным устоем
Законы разума попрал.
Народ всегда того достоин,
Кого он на сей пост избрал.

ЧЕРТОГ НИЗМЕННОСТИ

Хитрец чрезмерно оголтело
Бахвалится на весь базар,
Как он сценически умело
Продал испорченный товар.

* * *

Всесильем действенного шага
Являя справедливый сан,
Ты делаешь нахальным благо
В ответ на каверзный обман.

* * *

Чредою пагубных идей
Все негодяи промышляют,
Когда коварностью своей
Себе всевластье добывают.

АСПЕКТЫ ВОЗДАЯНИЯ

Полифонией осознанья
Метафизических основ
Вершится степень созиданья
Космологических миров.
Так жизнедейственно ведется
Перипетиями в судьбе:
За все, что сделал, — воздается
Целенаправленно тебе.

* * *

Тенденцией преображенья
Являя нравственный контраст,
Произрастает притяженье
Психологических пространств.
И в этом ты не усомнишься,
Предугадав такой исход:
Все то, чего ты так боишься, —
К тебе немедленно придет.

ПРОБЛЕМА ГЕНИАЛЬНОСТИ

Законом нравственно-моральным
Мы убеждаемся заветно:
Коль будет разум гениальным,
То признается он посмертно.

* * *

Могущество святого часа
Энергоформой поколений
Благоволит сознанью расы,
Чтобы родился новый гений.

ОТНОСИТЕЛЬНОСТЬ ВРЕМЕНИ

Привычно в мирозданном споре
Альтернативное участье,
Когда в одну минуту горя
Осознаем всесилье счастья.

* * *

Явив идеи безупречность,
Познай из выводов мирских,
Что в горе и мгновенье — вечность,
А в счастье — Вечность, словно миг.

* * *

Непререкаемостью смысла
Переиначивая быт,
Чем пуще гонишься за жизнью,
Тем действенней она бежит.

* * *

Когда остаемся одни,
Мораль познается всегда:
Чем медленней тянутся дни,
Тем мчатся быстрее года.

Притчи ... 47

- МИРОЗДАННАЯ БЫЛЬ ... 49
- НАУКА ЖИЗНИ ... 55
- ТЕНИ ПРАВИТЕЛЕЙ ... 57
- ВОСТОЧНАЯ ПРИТЧА ... 59
- ПРИТЧА ОБ АЛМАЗЕ ... 65
- ПУТИ МИРА ... 68
- ПРИТЧА О ПРАВДЕ И ЛЖИ ... 71
- ИСКУШЕНИЕ ВОСТОКА ... 76

Оды ... 83

- ОДА МИРУ ... 85
- НАПУТСТВИЕ ... 92
- ОДА МГНОВЕНИЮ ... 93
- ОДА МЕЧТЕ ... 94
- ДУХ ПРОСВЯЩЕНИЯ ... 96
- ОДУХОТВОРЕНИЕ ... 98
- «Неутомимым созиданьем...» ... 100
- РИТМ АСТРАЛА ... 101
- БОЖЕСТВЕННЫЙ МОТИВ ... 102
- ЭЛЕГИЯ ... 104
- МЕЛОДИЯ ДУХОВНЫХ МИРОВ ... 105
- МАГИЯ ЗВЕЗД ... 106

АЛЛЕГОРИЯ ВЕЧНОСТИ 108
ГАРМОНИЯ 111

Аксиомы бытия 117

АНТОЛОГИЯ КОНТРАСТОВ 119
О ЖИЗНИ И СМЕРТИ 141
О ДОБРЕ И ЗЛЕ 143
О ПРАВДЕ И ЛЖИ 144
О ЮНОСТИ И СТАРОСТИ 145
О ДРУЖБЕ 146
О МУДРОСТИ И ГЛУПОСТИ 149
О СЧАСТЬЕ И ГОРЕ 154
БОГАТСТВО И БЕДНОСТЬ 156
СМЫСЛОВЫЕ ИЗОЩРЕНИЯ 158
ИЗОЩРЕННОСТЬ ВЫГОДЫ 159
ЖАЖДА ПЕРВЕНСТВА 161
БРАЗДЫ ПРАВЛЕНИЯ 172
ЧЕРТОГ НИЗМЕННОСТИ 165
АСПЕКТЫ ВОЗДАЯНИЯ 166
ПРОБЛЕМА ГЕНИАЛЬНОСТИ 167
ОТНОСИТЕЛЬНОСТЬ ВРЕМЕНИ 168
КРИТЕРИИ ДУХА 170
О ПРИРОДЕ БОЖЕСТВЕННОГО 177
ПОСТИЖЕНИЕ ДУШИ 187

ГРАНИ РИСКА 209
КОРРИДА 211
ИСПОВЕДЬ ЛОВЦА ЖЕМЧУГА 215
САПЕР 217
ОТКРЫТИЕ АМЕРИКИ 220

КУЛУАРЫ ДУШИ 223
ПАМЯТИ МОЕЙ ЮНОСТИ 225
«Погаснет последний фонарь…» 226
ЗАПОЗДАЛАЯ ЛЮБОВЬ 227
ВЕЧЕРНЯЯ ЭЛЕГИЯ 229
«Когда Луне явить предстало…» 230
ПОСВЯЩЕНИЕ 231
«Сияет свет в твоем окне…» 232
ФАТАЛЬНОСТЬ 233
ВИДЕНИЕ 234
ВОЛЧЬЯ ЛЮБОВЬ 236
«Оглашаются в эфире…» 237
ПИГМАЛИОН 238
КАЗАНОВА 240
СНЕЖНАЯ КОРОЛЕВА 242
ФИНАЛ 243
ВЕРДИКТ 245
ЗИМНЯЯ НОСТАЛЬГИЯ 246

ПРОЩАНИЕ 248
МУЗЕ 249
«Любовь! Разорванное платье....» 250
ШУТОВСКАЯ ЛЮБОВЬ 251
ПРОЩЕНИЕ 253
«Веленьем судьбы безысходной...» 254
«Венценосно молчит Мироздание...» 255
«Фатальность жизнь преподнесла...» 256
«Стирая мысли до крови...» 256
«Таких мы женщин выбираем...» 256
«Сплетается миротворящая нить...» 256
«Эти руки — коварные змеи...» 257
«Похабностью коварной лжи...» 257
«Обречение жизнь принесла...» 257
«В лоне осени, на погребеньях весны...» 257
«Проявится духовность сил...» 258
ОБРЕЧЕНИЕ 258
«Мои чувства в Храме Души...» 259
ПОХОРОНЫ ЛЮБВИ 260
КАЮСЬ... 262
ДУШЕВНЫЙ МОТИВ 264

ДУША МОЕЙ ВСЕЛЕННОЙ 265
МОЕЙ ДОРОГОЙ МАМЕ 267
«Священной силой вдохновенной...» 268

МАМЕ	269
МАМИНЫ ГЛАЗА	270
«Своим животворящим светом…»	270
МОЕМУ АНГЕЛУ-ХРАНИТЕЛЮ — МОЕЙ ДОРОГОЙ БАБУШКЕ	271
ПОСВЯЩЕНИЕ	272
«Гармонией проникновенной…»	272
ДУХ ЛЮБВИ	273
ИСТОКИ ВЕЧНОСТИ	274
МИР АЛЛЕГОРИЙ	276
ПРЕДНАЗНАЧЕНИЕ	278
ПОСВЯЩЕНИЕ КНИГЕ	279
ГЕНИЮ ТВОРЧЕСТВА	280
ГАРМОНИЯ ВСЕЛЕНСКОЙ ЛЮБВИ	281
ВСЕЛЕНСКОЕ	284
«Блаженное соединенье…»	286
«Стезей гармоний совершенных…»	286
«Благословением рассвета…»	287
«Вечная душа священная…»	287
«Вселенской Божественной Мыслью…»	287
«Души Вселенской бесконечность…»	287
«Священством жизненного слога…»	288
«Преображеньем красоты…»	288
«Неповторимостью симфоний…»	288

Пути постижения ... 289
РЕИНКАРНАЦИЯ ... 292
ТАЙНА ПОСВЯЩЕНИЯ ... 317
КОСМОГЕНЕЗИС ... 337
КАСКАД ДУХА ... 357
ВОПЛОЩЕНИЕ ... 359
«С благим воплощеньем бессмертного слова…» ... 359
«Всевышний дарует святое прозренье…» ... 359
«Величайшим священным магическим смыслом…» ... 360
«Трансцендентность духовных божественных мер…» ... 360
«Многоликостью жизненных практик…» ... 360
«Лучезарностью благословенных основ…» ... 360
ТВОРЕНИЕ ... 361
К ИЗНАЧАЛЬЮ… ... 362
«Где порталы открылись святые…» ... 362
«Всесилием вещего сана…» ... 362
ПУТЕШЕСТВИЕ ВО ВСЕЛЕННУЮ ... 363
В ГЛУБИНАХ ВСЕЛЕННОЙ ... 372
ПУСТЫНЯ ... 384
СЦЕНА МИРА ... 397

WWW.SVAROG.NL

www.ingramcontent.com/pod-product-compliance
Lightning Source LLC
Chambersburg PA
CBHW042357070526
44585CB00029B/2961